FERNAND BUTEL

DOCTEUR EN DROIT, ANCIEN SUBSTITUT

UNE

VALLÉE PYRÉNÉENNE

———×———

LA VALLÉE D'OSSAU

Préface par

M. EDMOND DEMOLINS

PAU
SOCIÉTÉ DE PUBLICITÉ CATHOLIQUE
DES BASSES-PYRÉNÉES
11, Rue de la Préfecture

1894

Lk7
30605

UNE

Vallée Pyrénéenne

LA VALLÉE D'OSSAU

DU MÊME AUTEUR :

Le Péril de la Séparation de l'Eglise
et de l'Etat. In-12 de 156 pages. Paris,
LETOUZEY et ANÉ. Prix................ 1 fr. 50

L'Education des Jésuites, *Un Collège
breton*. Grand in-8º de 530 pages. Paris,
FIRMIN-DIDOT, 1890. Prix............. 6 fr. »

FERNAND BUTEL

DOCTEUR EN DROIT, ANCIEN SUBSTITUT

UNE VALLÉE PYRÉNÉENNE

LA VALLÉE D'OSSAU

Préface par

M. EDMOND DEMOLINS

PAU
SOCIÉTÉ DE PUBLICITÉ CATHOLIQUE
DES BASSES-PYRÉNÉES
11, Rue de la Préfecture

1894

PRÉFACE

Je veux d'abord féliciter M. Fernand Butel de publier en brochure cette étude qui a déjà paru dans la Science sociale (1).

Mais je dois dire pourquoi je le félicite.

Je vais surprendre un bon nombre de lecteurs, en affirmant qu'une étude consacrée à une famille et à une petite vallée, perdues au fond des Pyrénées, a une portée très générale.

C'est que le public, — en dépit de tant d'exemples mémorables, — n'a pas encore pu s'habituer à l'idée qu'une observation très particulière peut conduire à des conclusions très générales. A vrai dire, toutes les découvertes des sciences, jusqu'aux plus importantes,

(1) La Science sociale, *Revue mensuelle, publiée à la librairie Firmin-Didot.*

ont été faites par l'étude attentive, minutieuse, analytique d'un phénomène déterminé. Pour m'en tenir à un exemple fameux et récent, c'est en étudiant un animal invisible à l'œil nu, que M. Pasteur a bouleversé et renouvelé toute la médecine.

De même, en science sociale, c'est par des monographies de famille que Le Play et ses continuateurs de la Revue La Science sociale ont fait entrer l'étude des sociétés humaines dans le cadre des sciences.

Tant qu'on s'en est tenu à des considérations théoriques et générales sur les sociétés humaines, on n'a abouti qu'à des conclusions vagues et incertaines, à des systèmes qui ne reposaient sur aucun fondement solide.

C'est que, pour saisir l'extraordinaire complexité des phénomènes sociaux, il est indispensable de particulariser et de localiser l'observation, de considérer ce qui présente, en quelque sorte, la cellule sociale, c'est-à-dire une famille déterminée, étudiée dans un milieu déterminé et dans tous les rapports qu'elle peut avoir avec ce milieu.

Remarquez que tel est d'ailleurs le procédé suivi dans les sciences naturelles ; le naturaliste n'étudie pas la plante ou l'animal en général ; il étudie telle plante ou tel animal : sur cet objet individuel il peut pousser sa connaissance si à fond, qu'il saisit, avec la dernière *rigueur, dans les phénomènes qu'il y observe, le lien des effets aux causes ; c'est ce lien strictement défini qui exprime la loi de ces phénomènes, c'est-à-dire les conditions auxquelles ils se produisent.*

Il en est de même en science sociale : de l'observation d'une famille, on remonte à la connaissance de la société par la détermination précise des conditions en vertu desquelles le milieu social agit sur elle, ce qui est la constatation d'autant de lois, c'est-à-dire d'autant d'effets bien définis rattachés à des causes bien définies.

Mais l'étude de M. Butel n'a pas seulement la portée générale que je viens de dire ; elle a eu en outre la bonne fortune de contribuer à rectifier et à préciser la classification sociale établie par Le Play.

Comment une famille de montagnards Pyrénéens a-t-elle pu avoir une pareille influence ? C'est ce qu'il m'est impossible d'expliquer en quelques mots aux personnes étrangères à la science sociale. Je dois donc me borner à une indication générale.

Les populations des Pyrénées appartiennent à un type social qui présente certaines analogies avec deux grands groupes de sociétés que la science sociale appelle : les sociétés à formation communautaire (familles patriarcales), et les sociétés à formation particulariste (familles-souches).

Or, par suite d'une analyse insuffisante, Le Play fut amené à considérer ces populations comme appartenant au second de ces deux groupes ; il crut y reconnaître les caractères de la famille-souche. (On verra dans l'étude de M. Butel l'explication de ce terme).

Mais ce qui aggrava encore son erreur, c'est qu'il donna comme type des sociétés à familles souches précisément une famille des Pyrénées, la famille Mélouga, observée par lui dans l'ancien Lavedan.

Il fut ainsi amené à attribuer à tout un groupe social important des caractères qui appartenaient à un autre groupe, si bien que le développement réel des fonctions de toutes ces sociétés fut non seulement voilé, mais présenté à faux.

Cette erreur d'analyse et de classification a pu être rectifiée, grâce à la nouvelle Nomenclature sociale *de M. Henri de Tourville et à la suite d'une série d'observations entreprises dans différents pays par les collaborateurs de la Science sociale, en particulier, par la présente monographie de M. Butel sur la vallée d'Ossau. C'est à lui que revient l'honneur d'avoir directement établi que le type des Pyrénées n'appartient point à la famille-souche, ainsi que l'avait cru Le Play.*

Enfin, cette étude a eu encore pour résultat de fournir des indications sociales au sujet de l'origine proba-

ble des populations pyrénéennes. C'est là une grosse question qui intéresse l'histoire de tout l'occident de l'Europe. Or, la science sociale peut apporter sur ce sujet un ensemble de preuves nouvelles tirées de la constitution sociale des populations et des lois de l'évolution établies par l'observation comparée.

Et voilà comment l'étude d'une modeste famille a pu éclairer la science sur le mécanisme général des sociétés humaines.

Je souhaite que la lecture de cette monographie amène à la science sociale de nouveaux adeptes, désireux de se rendre compte de sa méthode et de ses résultats, capables ensuite de contribuer, par leurs propres observations, au développement d'une science à laquelle il n'est plus possible aujourd'hui de rester étranger.

Cette science en effet n'explique pas seulement les lois et l'histoire des sociétés humaines, elle fournit sur toutes les questions sociales qui préoccupent aujourd'hui si justement l'opinion, des solutions précises et scientifiques que l'on a vainement cherché jusqu'à ce jour dans les théories et les systèmes.

Edmond DEMOLINS.

AVERTISSEMENT

Les observations qui servent de base à cette monographie ont été recueillies en 1890. Cette remarque est nécessaire pour conserver leur véritable date à certains faits qui, depuis, ont pu subir de légères modifications.

Voir, à la fin du volume, la carte de la Vallée d'Ossau.

UNE
VALLÉE PYRÉNÉENNE

LA VALLÉE D'OSSAU

CHAPITRE PREMIER

LES CONDITIONS DU LIEU

Dans les premiers jours de novembre, certaines rues de Pau offrent à l'étranger un spectacle qui l'intéresse et l'intrigue tout à la fois. De nombreux troupeaux traversent la ville. Au milieu des brebis entassées et grouillantes marche gravement un petit âne chargé d'un mince bagage. A l'arrière-garde chemine le pasteur. Mais c'est à peine si, de temps à autre, sa voix s'élève pour stimuler un traînard. Son compagnon, un chien à long poil et de couleur fauve, suffit à lui seul à gouverner la horde.

Pendant une semaine, l'exode va se continuer, se dirigeant vers le nord.

La première fois que, nouveau venu dans ce pays, j'interrogeai à ce sujet, on me répondit : « Ce sont les troupeaux de la *Vallée d'Ossau* qui vont hiverner dans les plaines du Béarn et de la Gascogne. » Et, comme je ne me déclarais pas satisfait, l'interlocuteur étendit le bras vers les Pyrénées, et, me montrant dans la continuité de la grande chaîne une sorte de brèche dominée royalement à une distance de treize lieues par la double corne du pic du Midi, il ajouta :

« Voilà la vallée d'Ossau. »

Si peu qu'on ait lu sur l'histoire du Béarn, il est impossible de ne pas retenir le nom au passage. Il y est, en effet, parlé plus d'une fois de grands démêlés que les gens de la plaine eurent avec les montagnards ossalois, gens peu commodes, ainsi que des singulières franchises dont ceux-ci jouissaient sous la monarchie béarnaise. Et, dans ce coin de terre, vous assure-t-on, se sont conservés les échantillons les plus curieux d'une organisation pastorale vieille de dix siècles.

Plus tard, une occasion facile à faire naître me mit en face d'un de ces montagnards. C'était au mois d'avril. Le troupeau repassait, augmenté de quelques agneaux et reprenait la route du midi. On me dit que les animaux séjourneraient très peu dans la vallée ; que, dans quelques semaines, ils graviraient la haute montagne, à la recherche des herbes touffues, jusqu'à ce que, chassés par l'approche de l'automne, bêtes et gens descendent de nouveau dans la plaine : et ainsi de suite, d'année en année.

Un quart d'heure de conversation m'en apprit encore long, en me faisant entrevoir dans l'existence de ces pasteurs une série de phénomènes sociaux très caractéristiques : *organisation du travail en commun, transmission intégrale du domaine, émigration des cadets...*

Évidemment, j'étais en présence d'un type fort intéressant et dont l'analyse méthodique promettait d'utiles et de riches découvertes.

On a déjà étudié les populations pyrénéennes. Toutefois, dans l'état actuel de la science, deux problèmes au moins demeurent encore à résoudre.

En écrivant, en 1856, sa célèbre monographie des Mélouga, Le Play présentait la famille du Lavedan comme le type parfait de la *famille-souche*, ayant pour caractère la conservation du foyer assurée par l'héritier associé. Mais comment ne pas faire de différence entre la famille-souche telle qu'il l'avait observée dans le nord de l'Europe, projetant au loin ces vigoureux essaims de colons qui, à eux seuls, expliquent la supériorité des races anglo-saxonnes, et ces familles du Midi, stables à la vérité, mais évidemment dénuées de la même aptitude colonisatrice ?

Il y avait là une lacune, un chaînon de moins dans la série des classifications sociales. Peut-être, en y regardant de plus près, l'observation fournirait-elle quelques éléments nouveaux propres à fixer d'une manière plus précise le caractère et le rang de ces groupes importants.

D'autre part, l'étude de nos familles montagnardes, en nous livrant le secret de leur organisation intérieure, nous permettrait de remonter aux véritables caractères sociaux des *populations qui ont fait le fond de l'Espagne et de la région pyrénéenne française*. Il est évident que les montagnes auront ici rempli le même rôle conservateur que partout ailleurs. C'est la montagne qui, de tout temps, a servi d'asile aux habitants de la plaine pourchassés par les invasions ; et, si la montagne a dû les transformer plus ou moins, il devra suffire d'appliquer les règles de l'analyse pour retrouver les vestiges de la formation originaire.

Voilà de quoi piquer suffisamment la curiosité. Donc en route pour Ossau.

I.

Rien de plus facile, d'ailleurs. Depuis douze ans, le chemin de fer s'est frayé un passage jusqu'au cœur de la montagne. Les voyageurs qui vont demander aux Eaux-Bonnes ou aux Eaux-Chaudes le rétablissement de leur santé, connaissent bien cette route magnifique qui remonte toute la vallée basse jusqu'à Laruns.

Figurez-vous une succession étagée de quatre bassins à peu près circulaires, séparés par des étranglements où la route, le chemin de fer et le Gave trouvent tout juste à passer ensemble. Dans la plaine, large au plus d'un kilomètre, les champs de maïs, de luzerne ou de trèfle incarnat forment un échiquier aux mille cases changeantes. Sur les premiers plans des pentes, abandonnant le fond de la vallée à la culture, les petits villages se sont groupés autour d'humbles clochers blancs. Au dessus, monte la paroi de calcaire çà et là déchirée par les torrents. A Laruns, la voie ferrée s'arrête ; la vallée y subit, en effet, une brusque transformation. Au-delà, ce n'est plus qu'une gorge resserrée, écrasée entre de menaçantes hauteurs, et, qui s'élève, par la fantastique brèche du *Hourat*, jusqu'aux Eaux-Chaudes et Gabas, pour aboutir, à travers d'immenses sapinières, au pied du Pic du Midi. Du côté de l'Est, un vallon latéral s'embranche à Laruns, sur le cours du Gave d'Ossau.

Éclairez ce tableau d'un beau soleil d'été, ou faites glisser sur les dernières neiges cette lumière pourpre qui annonce le déclin du jour, et vous aurez l'impression de quelque chose de grandiose, de tranquille et de reposant.

Remarquez qu'en décrivant j'ai la prétention de faire non pas de la littérature mais de la science sociale. Quand nous verrons le pasteur ossalois obstinément attaché à son pays, ne renonçant jamais à l'espoir d'y finir ses jours, nous comprendrons comment son âme s'est tout naturellement imprégnée de cette poésie communicative des montagnes, pourquoi il les a aimées, pourquoi il veut y mourir.

Au reste, à peine avez-vous mis le pied dans la vallée que vous reconnaissez facilement quel lien étroit unit l'Ossalois à sa montagne. C'est à elle que se rapportent toutes ses préoccupations. Les herbes seront-elles abondantes cette année? La neige a-t-elle dégradé les pâturages? Est-il vrai que les gens de Laruns ont empiété sur la montagne d'Aste-Béon ?... Le vêtement dont il est couvert, le fromage de brebis qu'il vous offre, tout provient de là. La montagne est la grande nourricière. Nulle part les influences du lieu ne sont plus apparentes.

Ceci nous ramène à en achever la description.

La vallée d'Ossau, longue de 35 kilomètres, est comprise entre 2° 35' 24" et 2° 50' 28" de longitude ouest, et entre 42° 48' 52" et 43° 10' 28" de latitude nord du méridien de Paris. Elle communique avec l'Espagne par trois passages élevés, praticables à peu près en tous temps pour les hommes et les mulets : le col d'*Arrius* (2.254 mètres), le col d'*Anéou* ou de Pourtalet (1.795 mètres), et le col *des Moines* (2.204 mètres).

On a souvent comparé la configuration des Pyrénées à une feuille de fougère dont la tige serait formée par l'arête principale, les rameaux par les chaînes transversales et les folioles par les petits contreforts.

Notre vallée d'Ossau court du nord au sud entre deux de ces rameaux perpendiculaires à la grande chaîne, mais dépourvus de folioles secondaires. A ce point de vue, le lieu s'écarte de la donnée générale. A part le vallon escarpé du Valentin et des Eaux-Bonnes et, beaucoup plus haut, la gorge du torrent de Brousset, tributaire du Gave d'Ossau, on n'y rencontre aucune vallée transversale. Pas de croupes rebondies et chargées de champs cultivés, comme dans le bassin d'Argelès. D'un bout à l'autre, les murailles se dressent presque verticalement à 2,000 mètres, laissant percer la roche grise au travers des buis. De droite et de gauche descendent des torrents qui, vers la fin du printemps, deviennent subitement emportés et dévastateurs.

Presque tous les cours d'eau de la vallée, au moins dans leur partie supérieure, coulent très encaissés dans un lit de roche vive et ne peuvent être utilisés que pour actionner une dizaine de scieries mécaniques. De ces cours d'eau, trois seulement descendent de la crête frontière ; les autres sont d'assez faibles tributaires. Seul, le Gave d'Ossau, après les avoir tous recueillis et après avoir arrosé la vallée basse, quitte la montagne à l'entrée du bassin d'Arudy et, par un coude à angle droit, très fréquent chez les fleuves sous-pyrénéens, tourne brusquement à l'ouest vers le Gave de Pau, l'Adour et l'Océan.

Les lacs sont peu nombreux dans cette région ;

car, en dehors du lac d'Artouste (50 hectares), on ne peut donner ce nom à quelques réservoirs de montagne parsemés à une hauteur moyenne de 1.500 mètres. Lacs et torrents produisent d'excellentes truites, mais en quantité trop peu considérable pour fournir à une exploitation régulière. Les stations thermales des Eaux-Bonnes et des Eaux-Chaudes y trouvent seulement une ressource accidentelle pendant la saison d'été.

La composition géologique de la vallée d'Ossau paraît assez homogène. Précédées d'atterrissements de cailloux confusément roulés et entassés par les anciens glaciers, ses parois sont constituées par d'énormes bancs de calcaire gris entremêlé de schiste. Sur plusieurs points, à Louvie-Juzon, Arudy, Louvie-Soubiron, Laruns, la masse de marbre compacte et secondaire enferme d'importantes couches de marbre blanc grenu, d'une riche contexture, qui affleure la terre et qu'on exploite avec succès.

Aux environs des Eaux-Chaudes, on voit apparaître le granit, d'abord recouvert, sans transition, de marbre coquillier. Puis, en montant toujours plus haut, la roche primitive se dégage, pour former avec le porphyre l'élément principal du pic d'Ossau et de son massif. Il est évident que ces montagnes doivent être riches en métaux. Quelques localités seulement ont été explorées ; mais l'industrie ne s'est encore emparée que de deux mines : une de cuivre à Bielle, près de Bilhères, et l'autre de sulfure de zinc, à Anglas, dont il sera question plus loin.

Le phénomène le plus sensible pour l'observateur dans cette vaste région de forme triangulaire comprise entre l'Adour, les Pyrénées et l'Océan Atlantique, est *l'extrême variabilité du climat*. Deux grandes influences, l'Océan et la montagne, agissent de concert pour produire une instabilité atmosphérique particulièrement nuisible à l'agriculture. A des hivers relativement doux succèdent des printemps humides et froids, pendant lesquels une énorme quantité d'eau se dépose en neige sur les sommets. Il est rare qu'au mois d'avril ou de mai, de fortes gelées, dues à quelque retour de vent du nord, ne viennent compromettre et parfois détruire les espérances qu'une végétation trop rapide avait fait concevoir.

Dans ces conditions, la culture des céréales et surtout de la vigne est des plus précaires. D'après l'auteur d'une statistique publiée en 1815, sur dix récoltes on en compterait seulement six bonnes pour le grain et deux bonnes pour le vin (1).

Cette incertitude a fait de tout temps le désespoir de l'agriculteur béarnais ; aussi le voit-on appliqué à chercher un produit approprié aux conditions spéciales de son climat. Jadis le millet constituait l'unique ressource du paysan. Vers le commencement du dix-huitième siècle, la culture du *millxc* (maïs ou blé de Turquie) s'introduisit dans la province et finit, malgré certains inconvénients, par y devenir prépondérante. Aujourd'hui encore, le maïs entre pour la plus grande proportion dans l'alimentation habituelle des hommes et des animaux.

Ses avantages sur le froment sont indiscutables. « Echappant, par l'époque de ses semailles, à l'influence des gelées du printemps, si fréquentes sous notre ciel, supportant mieux que tout autre et sans trop d'inconvénients les chaleurs de l'été, elle (cette plante) résiste en même temps à la grêle, est peu sujette à la verse, ne souffre pas de la présence des plantes parasites et récompense largement le cultivateur des quelques soins qu'elle exige. Tandis que son grain sert à l'alimentation de

---

(1) *Observations* sur la statistique dressée en l'an XIII par Serviez, préfet des Basses-Pyrénées ; Pau, Tonnet, 1815.

l'homme et à l'engraissement des animaux domestiques, ses inflorescences sont consommées en fourrages verts, ses feuilles réservées pour suppléer en hiver au défaut des foins ; l'enveloppe des épis est employée pour la confection des paillasses et la fabrication du papier, sa rafle dénudée l'est comme combustible, et sa tige enfin se trouve utilisée comme engrais, après désorganisation à l'air libre, ou par l'industrie pour la fabrication du sucre que son tissu renferme en grandes proportions à l'époque de la floraison (1). »

Les conditions climatologiques observées dans le reste du Béarn se retrouvent en Ossau, avec une nuance d'exagération due au contact immédiat de la montagne, en ce sens que les variations, les sautes de température, y sont plus brusques et plus accentuées. Rien n'égale la rapidité avec laquelle se forment et se dissipent les orages. Trop souvent, au mois de juin ou de septembre, le ciel est envahi de nuages, et la nuée se déverse en torrents, avant que l'habitant de la vallée, averti par le premier coup de tonnerre, ait eu le temps de grimper aux prairies supérieures pour mettre à l'abri son précieux fourrage.

(1) *Statistique des Basses-Pyrénées*, par de Picamilh ; Pau, 1856.

Abritée à l'est et à l'ouest, la vallée s'offre, au contraire, comme un entonnoir au brûlant *sirocco* ou vent du sud et à l'humide vent du nord. Aussi n'est-il pas étonnant de rencontrer, dans ce coin de terre qui mesure 60,000 hectares, les températures extrêmes. Tandis que dans les gorges obscures des Eaux-Bonnes (748 m.), des Eaux-Chaudes (675 m.), et de Gabas (1.025 m.) l'hiver est long et rigoureux et que la neige y conserve, pendant neuf à dix semaines, une épaisseur d'un mètre ; dans d'autres localités comme Bilhères (577 m.), Aàs (720 m.), Bagès (654 m.), bien exposées au soleil du midi, la neige séjourne à peine quinze jours.

Dans la vallée, la production du maïs est environ le triple de celle du froment. De faibles quantités d'orge et d'avoine, le lin, la pomme de terre, les haricots, que l'on appuie aux tiges du maïs, sont les principaux produits agricoles. Inutile de dire que la culture de la vigne est impossible. Mais les céréales et autres végétaux servant à la nourriture et au vêtement de l'homme n'occupent qu'une faible portion du sol disponible : 3.800 hectares sur 60.000. Ce sont les terrains d'alluvion de la vallée inférieure, encaissée comme nous l'avons dit plus haut. De l'espace restant, 14.500 hectares représentent des forêts et 32.500 *des pâturages*.

Il serait impossible d'assigner à l'herbe et à la forêt des limites bien distinctes ; on peut seulement constater que, dans cette région des Pyrénées, la zone où poussent les grandes espèces végétales s'arrête à 2,400 mètres. Dans le bas, quelques bouquets de chênes clairsemés ; peu ou point de châtaigniers ; un peu plus haut, les hêtres et les tilleuls, auxquels succèdent les sapins et les pins. Rien n'est beau, dans leur austère mélancolie, comme les sapinières des gorges de Gabas et de Bius, dont les masses toujours noires semblent escalader le ciel.

Il y a environ deux siècles que, sous le ministère du cardinal de Richelieu, on commença à en extraire des bois pour les constructions de la marine. Cette exploitation se régularisa au siècle suivant, et c'est à son occasion que l'on jeta, à travers la brèche du Hourat, la vieille et audacieuse route des Eaux-Chaudes.

Plus haut, c'est la région du rhododendron et de la flore alpine. Quant à l'herbe, son royaume est partout, dans les clairières, sur les pentes et au fond des ravins. D'en bas, vous apercevez déjà quelques prairies accrochées aux flancs de la montagne. Mais c'est en haut, dans les cols ou *ports,* qui dépriment momentanément les crêtes, ou sur les plateaux ondulés qui les couronnent, que le voyageur, au milieu d'espaces où il enfonce jusqu'à mi-jambe dans une herbe épaisse et grasse, peut contempler les trésors que la montagne tient en réserve. Et, comparant la faible superficie de la plaine cultivée à cet océan herbeux, il se rend compte, avant tout effort d'analyse, que tout le travail des populations doit converger à ces magnifiques pâturages.

En effet, sur ces steppes verdoyantes règne une vie intense. De nombreux troupeaux les parcourent : vaches, brebis, juments, réparties suivant une proportion qui est loin d'être indifférente et dont nous expliquerons plus loin le motif.

Les 16,000 Ossalois ne pourraient évidemment nourrir la quantité considérable de bétail qu'ils entretiennent sur les 8,200 hectares de la vallée inférieure, s'ils ne pouvaient y ajouter les immenses réserves de la montagne (1).

Les troupeaux qui y trouvent la subsistance y sont aussi exposés à des ennemis redoutables : loups, ours, chats sauvages. Sur les sommets, de

---

(1) Bestiaux de la vallée d'Ossau : race chevaline, 2.000 ; race bovine, 9.722 ; race ovine, 38,309.

nombreuses troupes d'isards, et, dans les halliers, les renards et les sangliers, complètent la faune de cette région.

II.

Telle que nous venons de la décrire, avec son orientation rigoureuse du nord au sud, avec ses gorges étroites et desséchées, son ouverture au nord, ses passages difficiles vers l'Espagne, la vallée d'Ossau se présente comme un cul-de-sac très enfermé et très défendu. Évidemment les moyens d'existence devront y être très définis, le travail très homogène, le groupe de population très protégé contre toute influence étrangère.

Ces traits généraux nous sont livrés par une observation assez superficielle. Le lecteur familiarisé avec la science sociale attend sans doute que nous procédions avec une rigueur plus scientifique. C'est ce que nous allons essayer de faire dans cette monographie.

Pour observer dans toute sa pureté le type ossalois, le choix d'une commune n'est pas indifférent. De précieuses indications m'avaient été fournies à ce sujet. Je savais que les localités de la rive gauche du Gave, visitées par le chemin de fer et la route nationale, offraient, — Laruns notamment, — un fâcheux mélange de paysans et d'ouvriers, peu favorable au maintien de la tradition.

Sur la rive droite, au contraire, l'éloignement des grandes voies de communication a maintenu les villages dans un état relativement complet de conservation sociale et morale.

Cette considération fixa mon choix sur une petite commune du Haut Ossau, *Aste-Béon*, située à 4 kilomètres du chef-lieu de canton, Laruns.

J'étais sûr de trouver là, dans une population exclusivement pastorale, le parfait exemplaire de la démocratie montagnarde. Sans être proverbiale comme en Ecosse, l'hospitalité se pratique largement en Ossau. Grâce à elle, j'ai pu, durant plusieurs semaines de l'été de 1890, entrer en rapport avec une honnête famille de paysans qu'on m'avait signalée comme présentant un excellent terrain d'observation. Ceux qui ont pratiqué la monographie savent quel intérêt puissant se dégage pour l'observateur de ce contact avec la vie intime du travailleur. Je traduirai le même sentiment en disant que mes relations avec la famille L… m'ont laissé un souvenir plein de cordialité et en même temps de respect pour la condition, dignement et laborieusement portée, du pasteur.

Aste-Béon se compose de deux petits bourgs distants de 1,500 mètres l'un de l'autre, sur la rive droite du Gave d'Ossau, au pied de hautes falaises calcaires entremêlées de couches de schiste argileux. Le Gave coule très près de la montagne.

Le village d'Aste (481 mètres d'altitude), est assis sur un plateau triangulaire élevé de 25 mètres environ au-dessus de la rivière, dont le sépare un relai de terrain d'une centaine de mètres de largeur, livré à la culture.

Béon est bâti en aval, sur une étroite berge surplombant le Gave d'une dizaine de mètres.

Immédiatement au-dessus des deux villages, la montagne s'élance tout droit à une élévation moyenne de 1,100 mètres. Aux trois quarts de cette hauteur se creusent trois cols ou *ports*, auxquels on accède par d'étroits sentiers en lacets et où s'étalent de gras pâturages : le *port de Béon* au nord, le *port d'Aste* au milieu, et, au sud, la gorge d'*Ourdou* et d'*Audès*. C'est là que les propriétaires d'Aste et de Béon ont leurs prairies particulières, au delà desquelles s'ouvrent les pâtures communales.

Au-dessus d'Aste et plus au midi se dresse un pic, le pic d'*Auzu* (1,487 m.). Après une bande horizontale de rochers et de prairies commence la forêt, qui s'étage jusqu'au sommet.

Le tout forme donc une haute barrière couronnée par quatre sommets. Dans les dépressions qui les séparent s'abritent les pâturages, et le versant intérieur de la dernière sommité du côté du nord, est garni de forêts.

Par cette disposition, Aste-Béon, exposé à l'ouest dans toute son étendue, se trouve complètement protégé contre les vents d'est et partiellement contre ceux du nord et du midi.

Bordé par le Gave, le territoire de la commune est arrosé par trois torrents : *las Bernaus*, descendant du port de Béon, le *Bernet*, venant du port d'Aste et servant de limite aux deux sections, le *Lamai*, dont le cours modifié à diverses reprises, notamment en 1875, charrie tumultueusement des blocs contre lesquels tout travail de défense demeure impuissant. Le Gave déborde tous les ans, laissant sur les terres envahies d'abondants galets : dans son voisinage immédiat la culture est impossible.

On voit combien le travail est rendu difficile par les conditions du lieu. La rareté des terres labourables, leur pauvreté relative, la limitation des céréales cultivables, ajoutent à cette difficulté et contribuent à faire de la population une *population pauvre*.

Le maïs et l'orge y forment le fond de la culture ; quelque froment, en quantité insuffisante ; le sarrazin y est inconnu. Le lin et le chanvre, jadis en honneur dans la localité, n'y sont presque plus cultivés : on trouve plus économique de les faire venir d'ailleurs (1).

Les potagers contiennent presque tous les légumes, sauf les légumes fins (asperges, artichauts). Même les fruits y sont peu abondants.

En revanche, l'herbe, le trèfle incarnat, la luzerne et d'autres plantes fourragères d'excellente qualité croissent abondamment dans le voisinage des villages.

La disproportion que nous constations, pour toute la vallée, entre la surface de sol cultivé et les espaces herbeux se manifeste ici d'une manière saisissante. Les terrains sur lesquels la commune d'Aste-Béon peut exercer un droit de propriété, soit à titre indivis, soit à titre exclusif, forment

---

(1) Quantités annuelles : froment, 352 hectolitres ; orge, 400 h. ; maïs, 975 h. ; foin, 6.426 quintaux métriques.

un total de 5,700 hectares. Or, tandis que les pâturages figurent dans ce chiffre pour 5,000 *hectares*, les bois n'en représentent que 300 et les terres labourables, 76.

Ce fait entraîne, au point de vue du travail, des conséquences faciles à prévoir. Les dix-neuf vingtièmes de la propriété consistant en sols intransformables, situés sur des pentes abruptes et ne produisant que de l'herbe, *le travail de l'habitant sera nécessairement et, avant tout, pastoral.*

Il nous faut voir comment ce travail est organisé.

CHAPITRE DEUXIÈME

LE TRAVAIL

L'étude des conditions *du Lieu* nous a nécessairement indiqué la nature du travail du paysan ossalois. Les pâturages étant aux terres labourables dans la proportion de 65 à 1, le travail prédominant, presque exclusif, ne peut être que *l'art pastoral*.

Cette donnée rationnelle est-elle confirmée par le fait ? C'est ce qu'il va nous être facile de constater.

I. — LES TRAVAUX DE SIMPLE RÉCOLTE.

Il faut tout d'abord observer que la majeure partie des pâturages de la commune sont situés à une grande altitude, quelques uns à 1.000 mètres au-dessus du village. Certains quartiers en sont distants de 12 ou 15 kilomètres. Voilà des circonstances qui, *a priori*, rendent très difficiles la surveillance et l'exploitation du troupeau; qui les rendraient même impossibles si chacun des propriétaires était obligé de pourvoir seul à ses propres intérêts.

De plus, l'accès des hautes montagnes s'ouvrant et se fermant à des époques périodiques, suivant la disparition ou le retour des neiges, il faudra que *les pâturages soient dépouillés en même temps*.

Nous en arrivons à cette conclusion que *le travail en montagne devra nécessairement revêtir une forme de communauté*.

Ici, comme dans toute région montagneuse, les pâturages sont donc, à jour fixe, permis ou interdits à tous les habitants de la commune.

C'est là que nous allons suivre nos pasteurs.

Il ne faudrait pas croire toutefois que cette invasion périodique de la montagne s'opère confusément et suivant le gré de chaque intéressé.

La « cohue » des nomades ne s'explique que dans les pays de plaine, là où la prairie s'allonge en espaces indéfinis. En montagne, la limitation des ressources du sol et du temps propice au pacage impose des règles et une police fort étroites que la coutume a consacrées. Leurs prescriptions varient principalement avec l'espèce des animaux. Chacune des trois grandes catégories, — bêtes à cornes, — chevaux, — bêtes à laine, a ses habitudes, son mode de vivre différents. Il faut donc les étudier séparément, afin de bien dégager leur importance respective dans l'économie pastorale.

VACHES. — Nous sommes au 24 juin, fête de la *Saint-Jean*. Il y a grande agitation dans le village. C'est aujourd'hui que les vaches partent pour la haute montagne.

Les jours précédents, on a procédé à la visite des animaux. Les bestiaux faibles ou malades qui souffriraient du trajet ont été présentés au maire et à deux conseillers municipaux, pour être autorisés, s'il y a lieu, à pacager dans certains quartiers des communaux voisins du village.

Le reste forme *un seul troupeau*, qui va passer cinq semaines sur les hauts plateaux de Peyrelu (2.220m.), situés à la limite extrême de la frontière d'Espagne. Cette année, le troupeau se compose de 450 bêtes à cornes, dont 10 appartiennent à notre hôte L... Chaque animal porte à l'oreille, faite avec un emporte-pièce, une petite entaille qui est la marque de son propriétaire.

La manière dont est organisée la surveillance du troupeau mérite attention. La garde en est confiée à six pâtres communs, désignés chaque année par le sort parmi les habitants d'Aste-Béon, de façon qu'au bout de plusieurs années tous les propriétaires aient satisfait à cette corvée.

Véritable corvée, en effet, et dont un habitant ne peut s'exonérer qu'en fournissant un remplaçant. C'est ce qui est arrivé à L... l'année dernière. Pour remplir ces fonctions de gardien, il faut être âgé de quinze ans au moins et de soixante-cinq ans au plus.

Deux taureaux accompagnent le troupeau à la montagne. Ils sont la propriété de la commune, qui les confie pendant l'hiver à un nourrisseur moyennant la somme de 150 francs.

Le 1er août, les vaches descendent des hauts pâturages et sont conduites immédiatement au-dessus des villages, aux *ports* communaux d'Aste et de Béon, dont l'herbe a eu le temps de repousser, et où elles resteront jusqu'à la Toussaint. Le 1er novembre, elles reprendront définitivement le chemin de l'étable, d'où elles ne sortiront plus jusqu'au 1er mai.

La nourriture des vaches à l'étable coûte cher. L... évalue à 15,000 kilos, valant 900 francs, le fourrage sec consommé par les siennes dans leurs différentes stations au village. Beaucoup de propriétaires de la commune, ne récoltant pas de fourrage en quantité suffisante, seraient obligés de se défaire de leurs bestiaux s'ils n'avaient la possibilité de les envoyer, l'hiver, pacager dans les plaines du *Pont-Long*.

Ce nom désigne de vastes landes, situées au nord de Pau, à 30 kilomètres environ de la Vallée d'Ossau. Propriété de la Vallée depuis un temps immémorial, ces landes sont administrées aujourd'hui par un *Syndicat*, dont nous verrons plus loin l'importance. L'herbe y est de qualité inférieure et les bestiaux ne sont pas sans en souffrir; mais nécessité fait loi, et la jouissance gratuite de ces pâturages constitue une ressource précieuse pour les montagnards les moins favorisés.

Cette ressource est d'ailleurs temporaire et accessoire. Quelques vaches commencent à venir au Pont-Long du 10 octobre au 20 novembre. Le plus fort contingent descend ensuite vers le 25 mars pour y demeurer jusqu'aux premiers jours de juin. Chaque propriétaire y fait garder ses animaux comme il l'entend; toutefois la commune de Laruns y envoie quatre pâtres communs. De son côté, le Syndicat du Haut-Ossau, à qui appartient le pâturage, entretient à demeure deux gardes pour la surveillance générale. Bergers et bétail reçoivent l'hospitalité dans les maisons et métairies des environs, où on les héberge gratuitement en retour de la fumure.

Le 1er mai, les vaches restées dans la vallée sortent de l'étable et sont conduites aux communaux où, le 1er juin, viendront les rejoindre celles que l'on ramène des plaines du Pont-Long.

Le 24 juin, toutes ensemble repartiront, ainsi que nous l'avons dit, pour la montagne.

Juments. — Différent est le régime des juments. C'est pendant un mois seulement, du 15 juillet au 15 août, et dans un quartier particulier, la montagne de Bius, dont jouit Aste-Béon conjointement avec trois autres communes de la vallée, que les juments vont pacager. Le propriétaire de chaque animal se charge de sa conduite. Arrivées à Bius, les juments sont lâchées et laissées en complète liberté avec le poulain. Le 15 août, le maître reviendra chercher ses bêtes. Aucun étalon n'accompagne le troupeau : la reproduction se fait soit chez des propriétaires de Laruns, soit au Dépôt de l'État de Louvie-Juzon.

La race ossaloise est résistante mais peu fine et

ne fournit aucune recrue à la remonte de l'armée. Les produits qui, à dix-huit mois, valent 140 fr. en moyenne, sont exclusivement réservés au travail.

Les paysans d'Aste-Béon comptent principalement sur l'élève du mulet, qui, vendu à neuf mois, donne un prix plus rémunérateur (de 3 à 400 francs) et dont le placement est assuré, grâce au voisinage de l'Espagne (1).

BÊTES A LAINE. — Nous voici en présence de l'élément le plus nombreux et le plus important des troupeaux ossalois. La famille L... possède 10 vaches contre 160 brebis et chèvres, et cette proportion est la même pour les autres familles d'Aste-Béon. Cette commune envoie à la haute montagne 450 bêtes à cornes contre 4,000 brebis.

Le fait de cette prépondérance de la bête à laine est significatif; il est aisé d'en donner les raisons. Les montagnes de cette région sont particulièrement abruptes; la brebis fréquente des

---

(1) Ce chiffre ne serait plus exact aujourd'hui (1894), la crise agricole de ces derniers temps et l'application du droit exorbitant de 80 francs par tête imposé par l'Espagne aux mules d'origine française, ayant amené sur les produits béarnais une dépréciation considérable.

pics où la vache ne peut ou n'ose se risquer. De plus, à côté d'excellents pâturages, les montagnes d'Ossau renferment des steppes extrêmement ingrates, dont l'herbe ne peut guère être utilisée que par la brebis et que cette dernière ne se décide parfois à brouter qu'à force de distributions de sel. Il faut ajouter que, l'hiver, la présence à l'étable de nombreuses bêtes à cornes serait un embarras pour le propriétaire qui ne récolte dans ses prairies de la vallée qu'une médiocre quantité de fourrage. Ce peu de fourrage, ses vaches le consomment pendant la mauvaise saison, tandis que les brebis, plus sobres, plus dures à la fatigue, peuvent s'en aller, au loin, chercher leur nourriture dans les plaines.

Voilà qui explique aussi pourquoi les brebis ne partent pour la haute montagne qu'un certain temps après les vaches et n'en redescendent qu'après elles. Suivons-les dans leurs pérégrinations successives.

Au lieu d'être, comme les vaches, réunies sous la surveillance de pâtres communs, les brebis demeurent sous la garde de leur propriétaire; le gouvernement de ce troupeau est, en effet, une charge du maître, presque une fonction familiale; aussi ne verrons-nous jamais un mercenaire la remplir.

60 ou 80 têtes composent ordinairement le troupeau. Ce chiffre est parfois dépassé. L...., envoie tous les ans à la montagne 160 brebis sous la conduite d'un frère cadet.

Le 15 juillet, de toutes les maisons du village s'ébranlent les rustiques caravanes. Chacune d'elles est escortée de deux chiens ; l'un grand et fort, surnommé *chien pasteur*, exclusivement chargé de défendre le troupeau contre les fauves; l'autre, le *chien domestique*, vulgairement *labri*, de petite taille, à l'apparence de renard, très intelligent mais très sauvage, et dont le rôle est de ramener les brebis égarées et de faire, au moindre signe du maître, la police dans les rangs. Le pasteur suit, avec son léger bagage, parmi lequel figurent les ustensiles servant à la confection du fromage.

On arrive ainsi, après plusieurs heures de marche, à la montagne de Bius ou à celle de Peyrelu. Quelques jours avant la date fixée par l'ouverture ou *dévéte* des hautes montagnes, trois membres du Haut-Ossau, désignés sous le nom d'*Estimateurs des herbes*, se sont rendus sur les pâturages pour en vérifier l'état, S'ils constatent que l'on a introduit du bétail sur le pâturage, ils dressent procès-verbal contre le garde-commun. Aucun troupeau ne peut pénétrer avant l'accomplissement de cette formalité. Ne faut-il pas maintenir l'égalité la plus rigoureuse? Aussi voyez les troupeaux, contenus par les chiens, se pressant tous à l'entrée et, au signal donné, franchissant *à la fois* la limite, chacun se rendant au *cujala* qui lui est destiné.

Le *cujala* est l'atelier du pasteur. Ce mot désigne essentiellement l'enceinte où se réunissent plusieurs troupeaux, enceinte déterminée seulement par quelque pli de terrain ou des abornements naturels que les animaux connaissent parfaitement. Cette enceinte est habituellement occupée par six ou sept pasteurs. Tous les emplacements ne se valant pas, il y aurait bien des contestations si le sort n'intervenait, comme nous le verrons plus loin, pour répartir les cujalas entre les bergers.

A l'intérieur du cujala commun à plusieurs pasteurs, chacun possède sa petite enceinte particulière ou *moulhéré*, où ses brebis viennent docilement et sans confusion se faire traire matin et soir. Dans les jours de grande chaleur, on excite l'appétit des animaux au moyen d'une portion de sel déposée sur une pierre du voisinage.

Au centre du cujala s'élève la cabane des bergers. En pierres sèches, couverte, suivant les endroits, de *lavasses* ou larges dalles de schiste, de mottes de gazon ou même de bâches en toile cirée, la cabane est occupée dans ses deux tiers par le *palhat* ou lit de camp formé d'une forte épaisseur de branchages. Le soir venu, le pasteur, pour s'endormir, étend sur cette couche ses grandes capes de laine.

Plusieurs fois dans la saison, la famille monte, à dos de cheval ou de mulet, les provisions, lard, pain, qui forment la nourriture du berger. C'est, pour le chef de famille, une occasion de jeter un coup d'œil sur l'état du troupeau.

De leur observatoire élevé, nos hommes surveillent leurs brebis, lancent les chiens à la poursuite des chèvres trop vagabondes, pendant que les longues journées d'été s'écoulent dans différents travaux : les uns fabriquent des sabots, d'autres tricotent ces *goalhars* ou guêtres de laine sans pied en usage dans la vallée. La majeure partie du temps est prise par la traite et par la fabrication du fromage, à laquelle il nous faut consacrer quelques détails.

Supposons un grand troupeau de 160 brebis, comme celui de L... Dans la bonne saison, le lait produit en une journée fournira un pain de fromage de 7 à 8 kilogrammes. La brebis donne environ par jour un demi litre de lait, très épais, très chargé de caséum. La chèvre en fournit peut-être le triple, mais beaucoup plus clair et qui ne peut entrer dans la fabrication du fromage que comme appoint. Aussi les chèvres ne figurent-elles dans le troupeau qu'en très petite proportion : L... en possède 10.

Si la production journalière du lait était insuffisante pour commencer de suite l'élaboration, on le conserverait au frais, par exemple dans une source.

Cette fabrication exige deux ateliers bien distincts, l'un où l'on fait cailler le lait et où on moule le fromage, l'autre où on le sale.

Le premier est tout simplement la cabane du pasteur. Au pied du lit, un âtre sans cheminée ; en haut du mur, un trou ménagé pour l'issue de la fumée : voilà toute l'installation. Le lait, versé dans un chaudron en cuivre et chauffé de manière à revenir à la température de la traite, est ensuite décomposé sous l'influence d'un ferment animal que l'on nomme *présure*. Une heure suffit pour amener la séparation du *caséum* et du *petit-lait*. L'opérateur prend cette masse de caséum, et, pendant assez longtemps, il la pétrit, la malaxe en la transperçant de petites flèches de bois, afin de favoriser l'écoulement du lait. Quand le fromage est solidifié, il est introduit dans un moule cylindrique et, de nouveau, pressuré jusqu'à ce que la masse soit entièrement coagulée. Puis on le sèche au feu et on le porte au saloir ou *saladé*.

Dans le saloir, qu'il faut humide et frais, le fromage est placé sur des tablettes, retourné de côté tous les jours et chaque fois saupoudré d'une couche de sel. L'opération se prolonge pendant trois ou quatre mois environ. C'est au saloir que les fromages acquièrent cet arome âcre et fort, recherché des amateurs.

Comme la plupart des propriétaires d'Aste-Béon, L... possède son saloir dans ses prairies particulières du *Port*. En l'absence de saloir sur la montagne de Peyrelu, c'est à Gabas, dans un établissement commun, que se fait l'opération de la salaison des fromages fabriqués pendant le pâturage d'été. Comme rémunération de son travail, l'employé prélève sur les produits de chaque troupeau, le dixième, et non le moins bon, des fromages.

En faisant chauffer le petit-lait, résidu du fromage, on obtient une matière grasse appelée *greulh*, qui constitue l'un des régals des familles montagnardes.

Cette industrie fromagère, bien que susceptible

de beaucoup d'améliorations, est loin d'être une quantité négligeable dans le budget de nos Ossalois. L... fabrique chaque année, dans les diverses stations de pâturages, environ 690 kilos de fromage. Il en consomme 40 kilos et en vend 650 au dehors, ce qui représente un gain de 487 fr. 50.

Mais la saison tire à sa fin. Le premier septembre, les cujalas se vident; on roule les bâches, le matériel est chargé sur le dos de l'âne et les troupeaux commencent à descendre. On les conduit au *Port* et sur les autres pâturages communaux où ils resteront jusqu'à la Toussaint. Pendant le même temps, on en fera séjourner une partie sur les prairies particulières, qu'ils fumeront méthodiquement, grâce à des parcs mobiles ou *clédas* dans lesquels chaque troupeau passe une nuit ou deux.

Arrive l'hiver. Nous voici en présence de la nécessité qui déjà nous est apparue pour les vaches. La rareté des fourrages récoltés dans la vallée empêche les propriétaires de brebis de garder à l'étable toutes leurs bêtes à laine. Les voilà donc obligés d'en envoyer une partie à l'extérieur.

L... garde 60 brebis au village pendant l'hiver; les 100 autres vont hiverner, avec le frère cadet, dans quelque plaine du Béarn. Cette année, Simon L.... passera cinq mois à Monein, à 20 kilomètres d'Oloron, deux mois et demi chez un propriétaire, deux mois et demi chez un autre. Le pasteur sera logé et nourri, le troupeau abrité ; en compensation de l'herbe consommée, le propriétaire bénéficiera du fumier et recevra de plus 24 fromages, douze anciens et douze nouveaux. Simon L... trouvera d'ailleurs au marché de Monein l'écoulement de ses fromages et de son lait, qu'il vendra 20 centimes le litre. De même pour les agneaux : si la chance le favorise, ils lui rapporteront chacun de 8 à 9 francs.

Il n'en est pas toujours ainsi : en certaines localités, les montagnards ne peuvent obtenir l'autorisation de faire pacager qu'au prix de grosses indemnités, qui peuvent s'élever jusqu'à 1,500 francs.

Pendant ce temps, les brebis demeurées dans la vallée, ne pouvant plus vivre sur les communaux envahis par la neige, descendent toutes. Elles vont trouver leur nourriture dans les prairies qui avoisinent immédiatement le village, et dont elles consommeront l'herbe jusqu'à Noël.

De Noël à la fin de mars, on les fait sortir tous les jours, mais il faut les nourrir principalement avec le fourrage sec. En avril, l'herbe commençant à pousser, elles sortent plus fréquemment de l'étable. Enfin, le 1ᵉʳ mai, reviennent les troupeaux qui ont hiverné dans la plaine. On les introduit avec les autres dans les pâturages communaux jusqu'au 15 juillet, date du départ pour la haute montagne.

Comme toutes les familles de la région, L… élève deux porcs. Cet animal fournit, en effet, un notable contingent à l'alimentation journalière, et l'élevage en est assez rémunérateur : sa nourriture, consistant en son, maïs, pommes de terre, farine, petit-lait, représente environ 115 francs ; son produit, 150. Bon an, mal an, L… vend au dehors 2 vaches, 2 veaux, 10 brebis, 60 agneaux et 1 poulain, en tout, 75 animaux, donnant un prix de 1.060 francs.

Quand les vaches ne sont pas en montagne, c'est-à-dire pendant dix mois de l'année, le lait s'utilise en partie pour la nourriture de la famille (750 litres), en partie pour la confection du beurre, dont L… vend 100 kilos, d'une valeur moyenne de 200 francs.

Ajoutez à ces bénéfices les produits de la basse-cour. L'année dernière, les vingt poules de L… lui ont donné 266 douzaines d'œufs, dont il a consommé la moitié et vendu l'autre, moyennant 100 francs.

Après le croît et le fromage, la plus importante ressource du pasteur est la laine des brebis, que l'on tond vers la Saint-Jean, au village ou à la montagne. La laine brune se conserve pour les besoins du ménage ; la blanche est généralement vendue en suint à des marchands des environs, à raison de 1 franc le kilog. L... se fait de ce chef un produit de 200 francs ; il en garde 20 kilos, qui suffisent à la confection des vêtements dont nous parlerons dans un instant.

II. — LA CULTURE.

En embrassant d'un coup d'œil tout ce qui précède, nous voyons le *travail très divisé* ; les *ateliers dispersés* ; une partie du personnel condamné à la *vie nomade* pendant plus de la moitié de l'année.

Il en résulte que *les mêmes individus ne peuvent à la fois s'occuper du troupeau et de la culture.*

Mais, d'autre part, l'exploitation du troupeau ne peut utilement être faite que par les hommes. Qui donc cultivera les champs ?

— Les femmes. En Ossau, c'est le fait général.

La femme cultive le jardin, fait la majeure partie des travaux ordinaires de la culture. L'homme ni'ntervient guère que pour la récolte du foin et les labours.

Foin. — La récolte du foin nécessite deux coupes : la première en juillet, et le *regain* en septembre. L'homme fauche, la femme fane, retourne et charge la récolte. Un bon faucheur peut abattre ses deux arpents en un jour (1). L....., qui possède trois hectares et demi de prairies, s'y emploie, avec un ouvrier, pendant 54 journées pour ses prairies supérieures et 46 journées pour ses prairies du bas. Deux jours suffisent ordinairement pour sécher. Ajoutez, pour l'épandage du fumier sur les prairies, 7 journées à trois personnes : vous arriverez pour toute l'année à un total de 121 journées consacrées à la récolte de l'herbe.

Quand le foin est bien sec, on l'entasse dans des charrettes si l'on est en plaine. Sur les pentes, on l'enferme dans de grandes pièces de toile qui

---

(1) Dans la vallée d'Ossau, l'*arpent* vaut 10 ares 55 centiares.

peuvent contenir la valeur d'un mètre cube. Ces ballots sont ensuite chargés sur un traîneau ou *trasse* formé d'un assemblage carré de solides pièces de bois ayant à peu près un mètre de côté. La trasse, qui peut supporter environ 250 kilos, est amenée par un cheval, à travers les sentiers rocailleux, jusqu'aux granges où l'on entasse le foin pour l'hiver.

CÉRÉALES. — Suivant l'usage de la vallée, l'assolement des champs de L..... est triennal, dans l'ordre suivant : froment, orge et maïs. La prépondérance appartient, comme nous l'avons expliqué plus haut, à cette dernière céréale, dont notre hôte retire 20 hectolitres contre 10 d'orge et 10 de blé.

Si la culture du maïs présente de précieux avantages, en retour, et ceci est à noter, elle exige de l'agriculteur beaucoup de soins et d'efforts.

Au mois de mars commencent les labours. Lorsque la charrue a préparé la terre, on fait passer un petit appareil à trois socs nommé *mercadé*, qui trace les étroits sillons perpendiculaires, à l'intersection desquels le semeur dépose trois grains de maïs. Au bout de trois semaines, la plante est levée ; quand elle a 10 centimètres, il faut herser entre les sillons avec la petite charrue ou *arasclot* ; puis bêcher à la main pour ameublir la terre autour des pieds. Quinze jours après, passe l'*arazérot*, dont le soc arrondi rechausse le pied du maïs. L'opération est renouvelée à la bêche. Dès que l'épi commence à se former, on coupe la cime. Puis vient l'effeuillage dont la dépouille est consommée par les vaches à l'étable comme *brespé*, littéralement comme goûter au milieu du jour. Enfin, dans les derniers jours d'octobre, on récolte, en détachant l'épi à la main. La tige de maïs, fauchée et séchée, servira de litière et d'engrais.

Immédiatement après l'enlèvement du maïs, on procède à l'emblavure du froment, dont le labour exige à peu près le même nombre de journées que celui du maïs. La récolte en est un peu plus longue, puisque le blé se coupe à la faux et demeure à sécher sur place. Ce n'est qu'au bout de deux jours qu'on le rentre au village.

Le battage en grange est inconnu : la plupart des propriétaires font dépiquer le grain par leurs juments. L... possède une batteuse mécanique qui lui permet de desservir toute sa récolte d'orge et de blé en deux jours. La machine exigeant les bras de dix hommes, ce sont les voisins qui prêtent gratuitement leur concours, à charge de revanche.

Pour toutes les opérations relatives à la culture des céréales, L... compte 115 journées de travail, dont 96 sont fournies par les membres de la famille. Voici comment, d'ordinaire, se départit la charge du labour : un homme conduit le cheval qui traîne le coutre ; la femme tient le manche de la charrue et le père de famille est à la tête des vaches. Il ne faudrait pas de cette attribution de rôles conclure trop vite, comme le font certains étrangers, que, dans la vallée d'Ossau, la besogne la plus dure est le lot de la femme, tandis que le mari, *lou meste*, se prélasse en amateur. En réalité, le travail le plus difficile est ici de conduire les vaches, que leurs habitudes d'indépendance en montagne rendent très indisciplinées.

Quand le grain est rentré, on en serre une partie dans des coffres ou *arcs* qui meublent les chambres d'habitation de la famille. Les plus beaux épis sont réunis en grappe et suspendus au plafond pour servir à la semence future.

Les céréales que L... récolte sur sa terre suffisent amplement aux besoins de la famille. C'est à son moulin, l'un des neuf de la commune, ce dont il n'est pas peu fier, que le grain est converti en farine. (1)

CULTURES ET RÉCOLTES ACCESSOIRES. — Sous ce titre, nous faisons rentrer la culture du potager, réservée à la mère de famille et à la jeune servante, et qui occupe 42 journées ; la cueillette de la fougère et des feuilles, destinées à la litière des animaux dans cette région où la paille est rare, et dont la famille récolte 4,000 kilos; enfin l'affouage dans les forêts communes, dont nous

---

(1) Voici quel est l'ordre mensuel des travaux pour la famille L...

JANVIER. — Coupe de bois. Emondage des haies. Soins donnés au bétail à l'étable. Pâturage dans les prairies de la plaine. Les juments et les brebis sortent tous les jours.

FÉVRIER. — On commence à transporter le fumier sur les prairies du bas, si le temps le permet. Défrichement et culture du potager. On sème les pommes de terre précoces, les carottes. Soins au bétail. Abattage et salaison du porc.

MARS. — On achève de fumer les prairies. Labours et semailles de l'orge. Soins au bétail. On sème les pommes de terre.

AVRIL. — Epandage du fumier sur les prairies. Préparation du maïs, si le temps le permet. Labours, semailles, soins au bétail, culture du potager.

MAI. — On achève de semer le maïs et on le travaille, aux moments indiqués. On sème des pommes de terre.

JUIN. — On continue le travail du maïs (rechausser les

verrons la réglementation : 6 stères de gros bois et 20 stères de broussailles reviennent ainsi annuellement à la famille L... Il lui faut 8 journées pour les descendre au village. Une fois coupé, le bois est amené jusqu'au chemin frayé par des glissières ou schlittes, et, de là, traîné jusqu'au village par un cheval.

A tous ces travaux, la famille a seule suffi, sauf 80 journées de mercenaires relatives à la récolte et au battage des céréales. Et, quand nous parlons de journées, il n'est pas inutile de faire observer

pieds à trois reprises différentes). Fauchage des prairies de la plaine. Tonte des brebis. Culture du potager.

Juillet. — On achève de faucher dans les prairies basses. Si le temps est beau, on commence à faucher dans les prairies hautes. Moisson. Récolte de l'orge. Dépiquage de l'orge par les juments. Quand l'orge est rentré, récolte du froment. Les troupeaux partent pour la haute montagne (avant la récolte). Pendant ce temps le maïs a poussé ; il peut se passer de soins jusqu'à la floraison.

Août. — On achève la récolte. Nettoyage des grains au tamis ou au ventilateur. On rentre les foins tardifs. Dès que le blé est rentré, on sème le farouche ou trèfle incarnat, soit sur un labour, soit simplement sur un coup de herse. Les vaches descendent de la haute montagne, le 1er août, et montent au *Port* jusqu'à la Toussaint. On commence à faucher le regain.

Septembre. — Fauchage du regain. Récolte des pommes de terre. On coupe les cimes du maïs (*essouma*). On effeuille qu'il s'agit ici de journées de 8 heures en hiver et de 12 heures en été. Voilà qui ferait bondir un socialiste. Mais en comparant son sort à celui du travailleur de la ville, courbé sur l'établi dans un atelier étroit et malsain, le paysan ossalois préfère ses rudes labeurs, endurés en plein air, en face des cimes grandioses et au milieu des senteurs vivifiantes de la montagne ; et l'on s'explique pourquoi, lui, pasteur, il tient en si médiocre estime « l'ouvrier ».

INDUSTRIES ACCESSOIRES. — *Laine*. Nous avons vu que L... se conservait environ 20 kilos

le maïs *(essouleya)*. Coupe du bois d'affouage, transport du bois, de la forêt au village. Récolte des haricots semés dans le maïs.

OCTOBRE. — Continuation de l'affouage. Récolte des pommes de terre. Récolte du maïs. Le bétail est introduit dans les champs de maïs pour manger l'herbe et les restes de la dépouille. Fauchage des tiges de maïs. Immédiatement après, on sème le blé. Récolte de la fougère. Départ des troupeaux pour la plaine.

NOVEMBRE. — On achève de semer le blé. Coupe et transport du bois d'affouage. Culture du potager. Après la Toussaint les vaches et les juments descendent du *Port* à l'étable.

DÉCEMBRE. — Pas de travaux spéciaux au dehors. Soins au bétail. Travaux domestiques. Filage et tissage des laines. Fabrication des sabots, etc.

de laine de ses brebis pour la fabrication des vêtements : cette opération est essentiellement domestique.

Sans parler des tricots façonnés par les bergers, la laine est utilisée en tissus de trois types : le *cordelhat*, la *pesse* et les *pelhots*. Filée au fuseau et tissée au métier dans la maison par la mère et la servante, l'étoffe est foulée à Bielle ou à Laruns. Il n'est pas jusqu'à la teinture qui ne se pratique au logis, au moyen d'une décoction d'écorce d'aulne. Ces opérations et la couture des vêtements demandent 48 journées.

Il en est de même de la toile de lin ou de chanvre qui est élaborée par les soins des femmes, depuis le filage jusqu'à la confection de l'habillement. Total : 16 journées.

La quantité de draps de laine ainsi fabriqués dans la famille peut être évaluée à 30 mètres, celle des toiles à 70 mètres, et leur valeur totale à 80 francs. Il faut ajouter pour environ 100 francs de vêtements confectionnés avec des étoffes achetées au dehors.

Sabots. C'est dans la famille également que se fabriquent les sabots ou *esclops*, au moyen de l'échole ou instrument à deux lames recourbées.

Fromages. Je ne reviens sur la confection des fromages de brebis que pour en faire ressortir le caractère domestique.

Le lait de vache n'est utilisé que pour la nourriture des veaux et la fabrication du beurre. En 1873, sur les indications d'un garde général des forêts, M. Calvet, une *fruitière* fut établie à Bielle, d'après le principe de l'*association pastorale*. L'établissement était dirigé par deux administrateurs et la partie technique par un fruitier venu du Jura.

Cette entreprise, ayant peu réussi, se transforma, en 1877, en une entreprise individuelle; on fit aux pasteurs des conditions fort avantageuses (1). Et cependant cette institution des

---

(1) Voici quel était le mécanisme de l'institution à ses diverses phases. Dans le principe, la fruitière était destinée à utiliser les produits de deux communes, Bielle et Bilhères. On y acceptait le lait de tous venants, qui étaient, par là même, associés. Un compte était ouvert à chacun. Du 1er novembre au 31 mai, les pasteurs apportaient leur lait à la fruitière; les profits ne se réglaient qu'après la vente. Quant au fromage fabriqué, c'était une sorte de gruyère, très imparfait, sans type particulier et qui ne trouvait d'écoulement que dans le voisinage. Sous le régime qui suivit la transformation de 1877, le lait se payait tous les mois aux producteurs, à raison de 12 centimes et demi le litre. On parvint ainsi à en réunir jusqu'à 250 litres par jour.

fruitières, qui a décuplé le revenu de certaines régions des Alpes suisses et du Jura, a misérablement échoué en Ossau. Aujourd'hui la fruitière de Bielle est fermée. Il y avait cependant avantage pour le paysan ne disposant par jour que de petites quantités de lait de vache à le vendre sans interruption et à prix fait pendant six mois de l'année, tandis qu'il lui fallait attendre quatre ou cinq jours à la maison pour n'arriver à faire qu'un peu de beurre médiocre.

L'échec de ces utiles tentatives est dû sans doute, en grande partie, à la routine légendaire du pasteur ; l'explication serait toutefois insuffisante si l'on ne tenait compte de la différence très notable qui sépare les pasteurs de vaches des plateaux de l'Europe centrale et l'Ossalois, essentiellement pasteur de brebis, dont le troupeau de vaches très réduit fournirait difficilement à une production suffisante.

Tout en tenant compte de ces raisons, il serait regrettable qu'une expérience malheureuse décourageât les partisans d'un progrès indiscutable. L'exemple de nos départements montagneux de l'Est démontre quel intérêt il peut y avoir à modifier en ce point la pratique routinière de l'industrie pastorale dans les Basses-Pyrénées.

Si l'on évalue le rendement du litre de lait de vache, sous la double forme de l'élevage des veaux et de la fabrication domestique du beurre ou du fromage, tels qu'ils sont pratiqués dans la région, on n'arrive qu'à un prix moyen de 4 centimes pour le premier cas et de 8 ou 9 centimes pour le second ; tandis que le principe de l'association appliqué à la fabrication industrielle du lait permet d'atteindre, dans les fruitières des Alpes, du Doubs et du Jura, le prix rémunérateur de 15 centimes (1).

C'est en s'appliquant le plus possible à la mise en valeur du lait de vache que les populations alpestres ont pu réaliser des bénéfices supérieurs à toute prévision (2). Le jour où l'habitant de nos hautes vallées sera convaincu de la même vérité, il n'est pas téméraire d'espérer les mêmes résultats, la région pyrénéenne étant aussi bien douée que le Jura en étendue de pâturages, en population, en nombre de bétail.

(1) Note sur le *rôle économique des associations pastorales dans les hautes vallées des Pyrénées*, par A. Calvet. Tarbes, Lescamela, 1872, p. 8, 9, 10.

(2) Un seul exemple : En 1865-66, la quantité de gruyère fabriqué dans les quatre arrondissements du département du Doubs, s'est élevée à 4,977,771 kilogrammes.

A cet effet, il conviendrait de réduire autant que possible la proportion des bêtes à laine au profit des bêtes à cornes, la vache ayant sur la brebis une très grande supériorité comme instrument de transformation de l'herbe. Mais peut-être faudra-t-il attendre encore longtemps une substitution qui, pour l'Ossalois en particulier, bouleverserait toute l'économie de ses mœurs pastorales.

Nous avons vu la famille suffire à la plus grande partie des travaux agricoles. De temps en temps, pour la récolte du foin et des céréales, il faut recourir aux services de mercenaires. Comme tous les habitants d'Aste-Béon, L… emploie de préférence des femmes, dont le salaire ne dépasse pas 50 centimes et qu'il nourrit. L'homme coûte généralement le double. Les travaux ordinaires sont faits par une jeune servante payée de 120 à 130 francs par an. Quelquefois le maître fournit des vêtements et des chaussures, mais la valeur de ces objets est déduite du salaire en argent.

Ces ouvriers agricoles sont d'ailleurs les seuls qui soient établis à demeure dans la commune. Quelques hommes de Laruns viennent, sous la direction d'un entrepreneur, exploiter une ardoisière communale qui fournit à prix réduit (7 fr. le char ou mètre cube) l'ardoise aux habitants. Aucun autre établissement industriel.

L'Ossalois est essentiellement et avant tout pasteur. La Compagnie qui exploite, sur la route des Eaux-Bonnes à Cauterets, la riche mine de sulfure de zinc d'Anglas, tout en employant des hommes de la vallée, les qualifie de médiocres ouvriers mineurs et recrute plus du quart de son personnel en Espagne et dans le département de l'Ariège (1)

---

(1) Au sujet du fonctionnement de cette importante mine, nous résumons les renseignements recueillis sur place, au mois de septembre 1890, par un de nos regrettés amis, observateur aussi compétent qu'infatigable, M. A. Feyeux.

Le filon de blende exploité aux Anglas par une Compagnie lyonnaise n'est que l'extrémité du filon jadis ouvert à Ar sur le versant méridional du massif et qu'une avalanche mémorable força d'abandonner, en 1885, après avoir coûté la vie à 17 ouvriers.

La nouvelle mine a deux ateliers distincts : Anglas (2,100 m.), où s'extrait le métal; et Gourette (1,134 m.), d'où le minerai est expédié après avoir subi un certain traitement. Ces deux stations sont reliées, suivant plusieurs sections en ligne brisée, par un chemin de fer aérien composé de deux cables métalliques, le long desquels montent et descendent les bennes au moyen de leur propre poids. Le minerai, extrait à la dynamite, arrive ainsi à l'atelier inférieur de Gourette, où il est trié, concassé et broyé par des appareils

En résumé, le pâturage, l'art pastoral, domine et absorbe tout le travail. C'est, l'été, sur la montagne, l'exploitation du troupeau ; dans la vallée, la récolte des fourrages ; l'hiver, le grand souci est le soin des bêtes à l'étable et l'hivernage en plaine.

spéciaux, puis mis en sac et transporté par voiture à Laruns, d'où on l'expédie à Bayonne.

C'est en Angleterre et en Belgique que s'écoule la plus grande partie de ces produits, dont la richesse minérale est fort appréciée : le rendement moyen du sulfure de zinc par rapport à sa gangue flotte, en effet, entre 40 et 50 pour cent.

La Compagnie emploie environ 200 ouvriers, dont le salaire est, en moyenne, de 4 fr. 50 à 5 fr. par jour. Le travail se fait sans interruption depuis la fin de mai, pendant 140 jours environ. La journée de 24 heures est divisée en 3 périodes de 8 heures employées par des équipes successives de 6 à 9 hommes.

La Compagnie loge les ouvriers dans un baraquement et leur fournit, par l'intermédiaire d'un comptable, les vivres de première nécessité ; pain (0,33 le kilo), lard (1 fr. 55 le kil.), pommes de terre (0,15), vin (0,60 le litre) ; de telle sorte que, tout compte fait, l'ouvrier ne dépense guère plus de 25 francs par mois. De plus la Compagnie a organisé, moyennant une retenue de 3 pour cent sur le salaire, une Société de secours qui assure aux malades les soins médicaux, les remèdes et une indemnité de chômage de la demi-journée. 23 femmes sont employées à Gourrette, au prix de 1 fr. 50 par jour ; leur logement est soigneusement distinct de celui des hommes.

Et, dans ce périodique retour des mêmes occupations, se révèle un caractère fondamental que nous ne faisons qu'indiquer en ce moment et que vont bientôt confirmer des traits non moins significatifs : *l'organisation du travail en communauté*, dans la garde du troupeau, dans la jouissance des pâturages, dans l'exploitation collective des bois.

Rien d'étonnant à cela : c'est une vérité banale que le travail dont il s'agit favorise le maintien de la communauté.

Et cependant il est évident que l'art pastoral n'est pas ici celui de la grande steppe. Malgré sa prédominance, il est insuffisant pour occuper tous les membres de la famille. S'il y a communauté, c'est une communauté restreinte, réduite. Nous touchons à la limite où le travail emprunte à la formation communautaire tout ce qu'il est possible de lui emprunter dans un territoire nécessairement limité.

Cette limite, il nous faut la préciser davantage, car de sa détermination jaillira la lumière sur un point particulièrement important de la science sociale : *l'évolution dernière des sociétés à formation communautaire*.

Comment ces sociétés pyrénéennes, arrivées à l'extrême frontière de la constitution patriarcale, ont-elles échappé au péril habituel d'échouer dans la famille instable ? Par quels éléments se rapprochent-elles de la famille-souche pour qu'à première vue l'observateur soit tenté de s'y méprendre ?

En d'autres termes, comment la montagne a-t-elle transformé le régime de la communauté et l'a-t-elle soustrait aux influences déformatrices des pays de plaine ?

La réponse à ces questions nous apparaîtra clairement quand nous aurons analysé l'organisation de la propriété en Ossau.

CHAPITRE TROISIÈME

LA PROPRIÉTÉ.

De même que nous avons vu le travail naître spontanément des conditions du Lieu, nous allons voir le sol et le travail imposer la constitution de la Propriété.

Le *sol*, essentiellement *pauvre*, se partage, on se le rappelle, entre de maigres pâturages et d'insuffisantes cultures.

Si nous recherchons quelle sorte de propriété peut s'y ajuster, nous sommes conduits, dès l'abord, à écarter le régime de la grande propriété.

Supposez les 250 hectares de sol utilisable d'Aste-Béon aux mains de quatre ou cinq grands propriétaires. Quel pourra être le résultat de cet accaparement ? En dépit de toutes les méthodes, le sol ne rendra jamais plus qu'il ne rend entre les mains de petits cultivateurs, intéressés, par une question de vie ou de mort, à mettre en valeur ses moindres ressources.

La grande propriété, en substituant à cette exploitation directe son régime de domestiques et de fermiers, n'arriverait donc qu'à rendre l'utilisation moins soigneuse, moins ménagée. Ainsi l'économie résultant de la réduction du personnel serait malheureusement compensée par la dépréciation de la culture et l'élévation des salaires du personnel restant.

Et le reste de la population, de quoi vivra-t-il ?... Voilà donc une classe nombreuse forcément condamnée à l'indigence et à l'émigration pauvre, sans qu'il en résulte le moindre accroissement de production ; soit une perte sèche pour le pays.

Ce sol, étant impropre à la grande propriété, ne retiendra donc que de *petites gens*.

Maintenant, voyons comment ces derniers se le distribueront entre eux.

Puisqu'il n'y a pas *d'étoffe* à la formation de familles capables de fournir à d'autres les moyens d'existence, en d'autres termes de familles *patronales*, il faut, inévitablement, que *chaque famille soit propriétaire*, qu'elle tienne ses moyens d'existence *de ses droits sur le sol*.

La propriété pour tous : voilà donc ce qu'impose la nature du *sol*.

Quant au *travail*, nous savons qu'il consiste en pâturage et en culture, le premier prédominant, la seconde accessoire et limitée.

Les conditions et les besoins du travail variant du tout au tout suivant qu'il s'agit du pâturage ou de la culture, la propriété revêt, par là même, une forme différente, suivant qu'elle s'applique à l'un ou à l'autre.

Pour le travail pastoral, travail dispersé, en partie nomade, on ne le comprendrait pas se superposant à des territoires privés ; il faudrait que chaque famille paysanne fût de tempérament à acquérir, ou au moins à conserver inviolablement, une parcelle distincte dans chacun des postes successifs du pâturage, de façon à avoir pour son bétail, qui est sa ressource essentielle, la nourriture nécessaire suivant les saisons. Or, l'aptitude à une propriété *privée*, aussi compliquée et combinée, n'est pas le propre de tous.

La propriété des pâturages sera donc commune entre tous.

Pour la culture, au contraire, la raison que nous donnions au début garde sa force dans toute sa simplicité : *La propriété sera individuelle.*

Telle est donc la situation, la formation naturelle de la propriété, dérivant à la fois de la nature du sol et de la nature du travail.

Tout chef de famille est propriétaire, d'un côté, de *pâturages communs*, qui sont l'élément le plus important, et, de l'autre, *d'un peu de terre arable, d'un peu de prairies à faucher*, qui sont l'élément complémentaire, possédé individuellement.

Reprenons ces deux ordres de propriétés.

I. — LES PROPRIÉTÉS COMMUNES.

Cette catégorie comprend deux éléments bien distincts : les biens *communaux* et les biens *syndicaux*.

A. — *Biens communaux.*

Pâturages. — La commune possède en propriété les pentes herbeuses des montagnes voisines immédiatement contiguës au village, et, de plus, une montagne nommée *Peyrelu*, située sur la frontière d'Espagne.

Mais, précisément, parce que chacune de ces régions de pâturages est limitée et qu'il faut en ménager les ressources, l'usage, consacré par les règlements municipaux, a établi une sorte de roulement entre les différents quartiers de communaux que pourront fréquenter les animaux à leur retour de la haute montagne.

Pour assurer l'observation des règlements sur les *vêtes* et *dévêtes* (1), la commune entretient quatre gardes-champêtres, dont l'un est spécialement affecté à la surveillance de la Peyrelu.

Comme chez d'autres sociétés pastorales, c'est le travail qui fournit à l'impôt direct sa base et sa proportion. La principale ressource du budget communal consiste dans un droit de pacage calculé sur le nombre de bestiaux utilisés par chaque propriétaire, d'après une unité appelé *bacade* (2). La bacade représente une tête de gros bétail, vache, jument, ou dix brebis, qui, pour la consommation de l'herbe, sont considérées comme l'équivalent. Un âne compte pour une demi-bacade.

Le propriétaire d'Aste-Béon paie 4 francs pour chaque bacade qu'il envoie sur les pâturages communs. L... acquitte ainsi 91 fr. 60, c'est-à-dire une

---

(1) Époques où les quartiers sont mis en défense ou autorisés : du latin *veto*.

(2) De *baca*, vache. Comparer à la bacade l'*encranne*, signalée dans le Jura Bernois, par M. R. Pinot, *Science sociale*, tomes III et IV.

somme bien supérieure à toutes ses autres taxes réunies.

Ce droit de pacage est personnel et ne peut être ni *loué* ni *aliéné* ; toutefois l'habitant pourrait, *avec l'autorisation du Conseil municipal*, prendre à cheptel des bestiaux étrangers pour les faire paître avec les siens, moyennant une taxe double de 8 francs, que l'on nomme pour cette raison *bacade étrangère*.

En principe, le nombre des bacades que peut fournir l'habitant est illimité ; en fait, cette licence n'a rien de redoutable, puisque, en raison des exigences du lieu, le propriétaire, le voulût-il, ne peut accroître l'effectif de son troupeau au-delà d'un nombre relativement modique, à cause de la difficulté de faire subsister ce bétail en dehors des temps où sont ouverts les pâturages des montagnes.

On voit combien la communauté pastorale défend ses pâturages, c'est-à-dire son travail, avec un soin jaloux.

Et la communauté a raison. Car cette sollicitude est pour elle une question vitale. Le pâturage gaspillé, c'est l'existence même de ces populations compromise sans retour, puisqu'elles ne sauraient trouver de compensation ni dans la culture, réduite à sa plus simple expression, ni dans le commerce ou l'industrie, que la pauvreté des productions rendrait impossibles.

On s'explique donc bien comment toute la vie locale pivote autour de cette propriété commune des pâturages, et comment cette communauté a dû frapper à sa puissante empreinte toute la série des phénomènes sociaux, spécialement la constitution de la famille. Mais n'anticipons pas.

Bois. — Les 271 hectares de forêts existant sur le territoire de la commune appartiennent à cette dernière : une partie (166 hectares) à titre indivis avec la famille d'A..., propriétaire très ancien ; l'autre partie (105 hectares) à titre exclusif.

Le régime de ces deux catégories est différent.

Les bois de la première sont administrés de concert entre les copropriétaires et surveillés à la fois par un garde d'Aste-Béon et un garde de la famille d'A... — L'affouage s'y exerce au profit des habitants d'après les bases suivantes. Chaque *feu*, — il y en a 96, — paie à la caisse communale une taxe annuelle de 4 francs pour l'affouage et la fougère.

Ici encore se manifeste le souci de l'égalité que nous avons vu apparaître à propos des pâturages.

Les parties de bois à abattre ont d'avance été

divisées en autant de lots que de feux. Vers la fin du mois de septembre, le maire, assisté de deux conseillers municipaux, tire les lots au sort. Une publication annonce le jour où pourront commencer les coupes, auxquelles chaque intéressé procède ensuite comme il l'entend. Environ un stère et demi de gros bois revient ainsi à chaque famille. Aucune limitation n'est imposée pour la broussaille et le buis.

La fougère, dont l'utilité pour la litière des animaux est si incontestable, s'exploite dans les mêmes conditions que le bois d'affouage et rapporte à chaque maison environ 800 kilos.

Les bois dont la commune est propriétaire exclusive sont soumis au régime forestier, dont on connaît les règlements étroits. En règle générale, l'Administration exige que les coupes soient adjugées à un entrepreneur, qui doit fournir le bois de construction aux habitants à un prix notablement inférieur à celui de l'industrie.

Deux jours par semaine, les indigents sont autorisés à chercher en forêt leur provision de bois mort.

La raison de cet état de choses est facile à saisir.

C'est une vérité élémentaire en science sociale

que l'exploitation d'une forêt exige des qualités de compétence et de prévoyance qui échappent ordinairement aux particuliers et aux communes.

Les individus, surtout s'il s'agit de pauvres gens comme les nôtres, préfèreront toujours une jouissance immédiate et arbitraire aux longs calculs d'un intelligent aménagement. Il en est de même de la commune, trop directement intéressée à tirer de la forêt tout le profit possible. Dans l'un et l'autre cas, la forêt sera mise au pillage.

Il faut donc qu'intervienne une tutelle supérieure et modératrice.

Cette tutelle, ce n'est pas de familles de patrons qu'il faut l'attendre : nous savons qu'il n'en existe pas en Ossau. Les anciens propriétaires qui, comme la famille d'A... possédaient une grande partie des forêts de la vallée, n'ont exercé à ce point de vue aucune action bienfaisante. Dans la commune d'Aste-Béon, les d'A... entretenaient, pour l'élaboration du minerai de fer, des forges au bois dont les fourneaux dévorèrent sans compter pendant de longues années les richesses des pentes environnantes. Quand la Révolution dépouilla les propriétaires d'une partie de leurs domaines, bien des cimes, jadis réputées pour leur fertilité, demeuraient découronnées. Elles le sont encore, et les forges sont aujourd'hui ruinées. Il ne pourrait en être autrement. Il manquait ici, pour encourager la fabrication et le commerce, qui sont les conséquences habituelles de l'art forestier, l'élément essentiel propre aux régions exclusivement forestières. La forêt n'était qu'un *accessoire*, relativement minime; le pâturage était tout, absorbait tout, hommes et choses.

Où la commune pouvait-elle donc trouver le correctif de son incapacité native ?

Pour la partie de bois possédée conjointement avec la famille d'A…, dans la *surveillance réciproque* qu'exercent l'une sur l'autre les deux parties intéressées ;

Pour les bois demeurés sa propriété exclusive, dans la tutelle du seul patron que notre système social ait laissé debout, l'*Etat*.

Les communes sont donc demeurées propriétaires. Propriété fictive, il est vrai : l'Etat limite les cantonnements, dirige les aménagements, surveille l'exploitation ; ce qui ne va pas sans quelques conflits.

Il y a quelque vingt-cinq ans, régnait entre l'administration forestière et les communes un antagonisme très prononcé provenant d'un certain défaut d'intelligence de la part des municipalités et peut-être d'excès de rigueur du côté des fonctionnaires de l'Etat. Aujourd'hui, la situation s'est améliorée. Cependant on peut dire que les deux autorités s'entendent difficilement pour l'exploitation des forêts communales. Le pasteur veut toujours agrandir ses pâturages aux dépens de la forêt, tandis que l'administration, dominée par le louable souci du reboisement, se met fort peu en peine de protéger le pâturage contre l'envahissement des jeunes pousses.

De là, une lutte sourde, incessante, des incendies, heureusement plus rares, et, d'une façon générale, une défiance mutuelle qui ne laisse pas de se traduire par des résultats assez aveugles. Il n'est pas, en effet, sans exemple de voir des communes, si intéressées qu'elles soient à l'accroissement de leurs pâturages, repousser des projets de regazonnement par cela seul qu'ils émanent de l'Administration forestière.

Ce qui démontre une fois de plus combien il serait désirable que l'exploitation des forêts appartînt non pas à l'Etat, placé trop haut et trop loin, mais à un corps interposé, réunissant des conditions supérieures de stabilité, de prévoyance, d'intérêt local, en un mot à la *Province*, ainsi que l'a démontré M. Demolins (1).

En attendant, contentons-nous de signaler cette propriété collective des bois, ajoutant un trait nouveau à cette formation communautaire qui, décidément, devient de plus en plus la caractéristique de notre petite société.

Pendant mon séjour à Aste-Béon, j'eus l'occasion de saisir sur le vif l'importance que revêt dans l'esprit des populations la participation à la propriété des biens communs.

Quelque temps après le tirage au sort des lots d'affouage, cinq ou six habitants d'Aste étaient montés à la forêt, et, au lieu de s'en tenir à leur part, avaient jeté leur dévolu sur les lots voisins, dont ils jugeaient sans doute l'enlèvement plus facile.

Le fait, connu dans le village, y avait soulevé la plus vive émotion. Les conversations ne roulaient que sur ce sujet ; on parlait de faire intervenir les plus hautes influences. Ce qui, dans une ville, n'eût excité que l'intérêt d'un fait divers, prenait ici les proportions d'un désordre public, auquel donnait encore plus d'importance la qualité

---

(1) La *Science sociale*, livraison de juillet 1888.

de certains des délinquants. A tout prendre, cependant, il n'y avait aucun dommage, les lots s'équivalant ou à peu près. Mais ce qui était en jeu, c'était le fondement même de la propriété. S'il était permis d'attenter contre quelques-uns à la loi du partage commun, c'en était fait du droit de tous : aussi chacun se déclarait-il touché comme si l'on eût dévasté son champ ou son troupeau.

B. — *Biens syndicaux*

Plusieurs fois déjà, le nom de *Syndicat* d'Ossau s'est rencontré sous ma plume. Voici le moment de s'expliquer à son sujet.

Jusqu'en 1853, les sept montagnes appartenant en commun aux dix-huit communes de la vallée d'Ossau, et que, pour cette raison, on appelle montagnes *générales*, par opposition aux montagnes spécialement *communales*, étaient administrées par un seul syndicat, souvenir de l'antique *Jurade*, dont il sera question plus loin.

En 1853, intervint un partage entre les deux cantons qui composent la vallée, celui de Laruns ou *Haut-Ossau*, et celui d'Arudy ou *Bas-Ossau*.

Le Haut-Ossau, dont fait partie la commune observée, eut pour sa part quatre montagnes : *Bius* (1,189 hectares), *Pombie* (640 hect.), *Seugs* (141 hect.), et *Art* (603 hect.). Les trois autres restèrent le lot du Bas-Ossau.

Depuis lors, chacun des deux cantons est, comme nous le verrons, administré par un syndicat spécial (1)..

Outre les montagnes générales, les deux cantons se sont partagé, en 1853, ce qui restait des vastes landes du *Pont-Long*, situées à 6 kilomètres au nord de Pau et possédées de toute antiquité par la Vallée.

Ce n'est pas sans peine que les montagnards d'Ossau, à travers mille contestations et de nombreux procès qui n'ont pris fin qu'en 1842, en ont conservé la propriété. Sa situation éloignée de la vallée, l'usage intermittent qu'en faisaient les propriétaires, l'exposaient aux incursions et aux usurpations des communautés riveraines, dont quelques-unes ont fini, grâce à la prescription, par conquérir d'importants lambeaux de territoire. Bien que réduit au quart de son ancienne su-

---

(1) Les observations de cette étude s'appliquent particulièrement au canton de Laruns, ou Haut-Ossau.

perficie, le *Pont-Long* mesure encore aujourd'hui 2,076 hectares (1).

En 1865, le Bas-Ossau vendit sa part à une compagnie d'irrigation qui devait la mettre en

(1) D'après l'évaluation de la Vallée, qu'il n'est guère possible de contrôler, le Pont-Long aurait, à l'origine, mesuré 56,000 arpents (28,000 hectares). On le considérait comme borné, au midi, par le coteau ou versant *(candau)* qui va de Lescar jusqu'à Idron.

On écrirait un gros livre avec l'histoire des démêlés survenus entre la vallée d'Ossau et les gens de la plaine Bien que n'ayant jamais pu fournir de titre originaire, les Ossalois ont toujours réclamé pour eux le bénéfice d'une possession immémoriale ; et tel était le prestige de la tradition que les souverains ont donné raison à cette prétention par de nombreux actes dont on trouve des monuments dès le treizième siècle. Nous n'en signalerons qu'un seul.

Le 1er décembre 1778, le Conseil d'Etat ayant rendu un arrêt portant qu'une portion de 154 arpents 18 perches de la lande du Pont-Long seraient distraits pour être réunis aux bois de Larron et Barrail, depuis forêt *Bastard*, la Vallée s'émut, énuméra ses titres et conclut par cette offre caractéristique : Les Ossalois sont prêts, par amour et dévouement pour le roi, à faire l'abandon des terrains en question, mais ils entendent « *avoir le mérite de faire eux-mêmes volontairement le don du terrain mentionné dans l'arrest du Conseil,* » sans y être contraints comme non fondés en droit. Le Conseil accepta l'offre à ces conditions, par arrêt du 19 décembre 1782. Les pauvres Ossalois se virent forcés de lâcher le morceau, mais du moins leur droit de propriété était reconnu.

culture. Les résultats furent à peu près nuls : dans sa plus grande partie, le sol de ces landes, entrecoupé de marais, d'ajoncs et de bruyères, peut être considéré comme intransformable.

Plus avisé, le Haut-Ossau a gardé sa part (1.058 hectares) et y envoie, chaque hiver, le bétail qu'il ne peut nourrir chez lui. Il n'a pas manqué de critiques pour lui conseiller de se défaire, à beaux deniers comptants, de ces terrains improductifs ; mais il a résisté aux suggestions de la cupidité, et bien lui en prend, car le Pont-Long lui assure, en dehors du revenu produit par la vente des ajoncs qu'on y coupe périodiquement, une ressource éventuelle pendant les années de disette.

L'utilité de la possession du Pont-Long ressort nettement du fait suivant. En 1890, quatre cents bestiaux environ ont été envoyés à la lande. En 1888, il en était descendu un millier. Les six cents têtes de bétail formant la différence auraient dû, faute de pouvoir vivre à l'étable, être sacrifiées par les propriétaires, si l'on n'avait eu la ressource de la transhumance au Pont-Long.

Il semble donc que l'expérience soit ici favorable au maintien de ces unions de communes dont plusieurs types ont été observés en Europe, notamment l'*Allmend* en Suisse (1). Là, comme ailleurs, on tend aujourd'hui à scinder ces grandes communautés. Est-ce un bien, est-ce un mal ? On peut sans doute espérer, en rendant ainsi à chaque section la responsabilité de sa part propre, développer plus fortement l'initiative locale et rendre l'exploitation ordinaire plus fructueuse. Ce n'est malheureusement pas, on vient de le voir, le cas de notre syndicat.

Cet avantage est peu de nature à balancer les inconvénients du système. En éparpillant le fonds commun, il restreint et énerve les ressources de chaque section dans les circonstances difficiles. En disloquant les liens habituels de solidarité entre deux groupes de populations, il affaiblit et diminue la force de résistance de celles-ci aux tentatives possibles de domination.

---

(1) Ce nom d'*Allmend* désigne, en Suisse, les terres encore soustraites au régime de la propriété individuelle, qu'on appelle, en France, biens communaux, *marches* dans les pays germaniques. Les membres de ces communautés se réunissent une fois par an, pour régler leurs affaires, vérifier les comptes et élire le conseil chargé de l'exploitation commune.

II — LA PROPRIÉTÉ PRIVÉE.

Un point nous est dès à présent acquis : le régime de la propriété privée est celui de la *très petite propriété*.

Il suffit de jeter un coup d'œil sur le plan cadastral pour s'en convaincre. Le territoire d'Aste-Béon compte 1,630 parcelles, réparties entre 152 propriétaires. 78 possèdent moins d'un hectare ; 71 possèdent de 1 à 5 hectares ; 3 seulement, de 5 à 8 hectares. C'est le lot de L..., dont la propriété mesure 6 hectares 43 ares.

Aucune bourgeoisie : rien que des pasteurs agriculteurs, presque tous adonnés personnellement au travail tel que nous l'avons décrit et propriétaires de leur domaine.

La commune se compose de 96 maisons, occupées par 98 ménages. Un seul ménage par maison, c'est la règle. En tous cas, *jamais plus de deux*, celui des parents et celui d'un enfant. Qu'on veuille bien retenir ce fait.

En tout, 482 individus, dont 477 Français. Sur ce nombre, les « patrons » (petits patrons) ou chefs d'atelier des deux sexes sont au nombre de 175, ayant avec eux 270 enfants ou parents.

Dans la commune, vous ne trouverez que neuf ouvriers, journaliers ou domestiques agricoles (1).

Voilà sous quels traits généraux se présente la population d'Aste-Béon.

Chaque famille vit dans son domaine. Mais à quelle condition ?

A condition que *la stabilité de celui-ci soit absolument garantie.*

Ici le travail, disons mieux, les moyens d'existence sont rigoureusement proportionnés au domaine. Amoindrissez celui-ci, vous *détruisez* ceux-là. A tout prix, il faut en assurer la conservation.

La coutume, soigneusement transmise et respectée, y a pourvu. Rien de plus simple comme mécanisme.

Il y a neuf ans, le père de L... mourut, laissant cinq fils et une fille. Joseph L... l'aîné, *a hérité de tout le domaine.* La part de ses frères et de sa sœur a été évaluée en argent, 2,000 francs pour chacun. Lui est demeuré, par le fait, maître de maison, *lou meste.*

Mais cette part, cette *légitime,* a-t-elle été versée aux cadets ? — Non, sauf à la sœur quand elle

---

(1) Voir, à l'appendice A, le tableau de la population classée par professions.

s'est mariée. *Les autres ne l'ont jamais demandée.* Quand ils la réclameront, l'aîné la leur paiera, *sans intérêts* et par versements échelonnés : c'est la coutume. Quant à demander le partage en nature, personne n'y songe. Pourquoi le demanderait-on ? On sait bien que ce serait *la ruine*.

Supposez que le bien se fût également partagé à la mort du père. Plusieurs des enfants étant mineurs, il eût fallu procéder judiciairement. Les 6 hectares et demi de terre, y compris la maison et les granges, valaient 13,000 francs. Comptez au moins 5,000 francs de frais : chacun des enfants n'aurait recueilli de bien que pour 1,300 francs, chiffre insuffisant et qui n'eût pu le sauver d'une condition misérable.

Que fait la coutume, au contraire ?

Pour prévenir un partage qui serait l'anéantissement du domaine, centre et foyer de la famille, elle l'attribue à un seul. Le domaine subsiste, à la charge pour l'héritier de désintéresser les cadets en argent.

Dans la famille L..., comme partout dans la vallée, les cadets se sont prêtés à cette combinaison : c'est la coutume, battue en brèche sans doute là comme ailleurs, mais encore universellement observée. Que certains cadets murmurent et regimbent, rien de plus naturel ; toutefois, il faut le reconnaître, la généralité de la coutume lui enlève ce qu'elle pourrait présenter d'odieux au point de vue de l'égalité. En renonçant à leur part en nature, les cadets obéissent le plus souvent à un sentiment désintéressé et au désir de voir se perpétuer la famille, la *maison*, dont on est si fier. Quelquefois aussi l'intérêt les y pousse : plus d'un préférera toucher une somme de 2 ou 3,000 fr. que recevoir une pièce de terre de même valeur qui, isolée, deviendrait souvent difficile à exploiter et pourrait demeurer improductive.

La coutume successorale repose donc sur ces deux pivots : 1° le père avantage toujours l'aîné de ses enfants de toute la quotité disponible, — sans parler des libéralités indirectes ; — 2° les cadets renoncent à leur part en nature et se contentent d'un capital en argent.

Remarquez que, dans notre famille L..., les cadets n'ont même pas réclamé leur légitime en argent. Comment donc peuvent-ils se prêter à un semblable désintéressement ?

C'est bien simple. Des quatre cadets, l'un est resté au logis, nourri, logé, défrayé de tout. Le frère aîné lui a donné un troupeau de 80 brebis, qu'il exploite comme nous l'avons dit. Le jour où il se mariera, il s'établira au dehors et on lui comptera sa dot. Jusque-là ses besoins se réduisent à néant.

Quant aux trois autres, *ils ont émigré*.

Nous touchons à un trait de mœurs très particulier, qui sera étudié plus loin.

Contentons-nous de faire observer comment le problème de l'existence a été spontanément résolu dans cette famille.

Le domaine, suffisant pour faire vivre une famille réduite, insuffisant pour une famille nombreuse, est attribué à un seul. Le travail divisé et dispersé ; le chef de famille restant au village, surveillant la culture, reliant entre eux les différents ateliers ; le premier cadet chargé des travaux extérieurs, de l'exploitation nomade ; les autres frères trouvant des ressources dans l'émigration ; tous également convaincus que, grâce à la coutume, ils peuvent « se débrouiller », tandis que, réduits à la loi du Code civil, ils auraient tous vécu dans la misère.

La conservation du foyer, voilà donc la grande préoccupation de l'Ossalois. C'est à cet objet, acheter de la terre pour s'arrondir, que s'applique presque exclusivement l'épargne.

Jetons maintenant un coup d'œil sur le domaine tel qu'il est demeuré aux mains de L...

Le tableau suivant peut en donner une idée.

Pâtures..................		34 ares	95 centiares.
Futaies		79 —	30 —
Saligues (1).............		14 —	
Labour..........	1 hectare	62 —	75 —
Prés..........	3 —	40 —	10 —
Maisons.................		3 —	60 —
Jardin..................		3 —	
Granges.................		4 —	95 —
Canal du moulin		1 —	20 —
	6	43 —	85 —

Le tout vaut 13.000 francs, dont 3.000 francs pour les constructions, maison, granges, étables, et 10.000 francs pour les champs et prairies.

Ce n'est pas ici qu'on trouvera le domaine aggloméré, si cher aux populations du Nord. Bois, prairies, champs cultivés, s'éparpillent aux quatre coins de la commune, tandis que la maison d'habitation se serre étroitement contre les autres maisons du village.

(1) On désigne sous ce nom les espaces généralement improductifs qui avoisinent les torrents et où poussent quelques saules rabougris.

C'est là, n'est-ce pas, le type de la banlieue *morcelée* ? Mais il faut se garder d'y voir, comme en d'autres régions, le signe de la famille *instable*. Ce morcellement tient ici à des raisons particulières : à l'exiguïté des terres arables dans la vallée, à la nature des parcelles disputées et arrachées çà et là aux terres incultes. Quant au groupement en village, qui est habituel aux races pastorales, il tient d'ailleurs à la nécessité, pour les habitants, d'échapper à l'isolement, dans un pays où la neige peut rendre parfois les communications difficiles, et où l'homme est, par les exigences de la transhumance, absent pendant une grande partie de l'année, laissant au logis les vieillards, les femmes et les enfants.

Il est évident que l'enchevêtrement du domaine résultant d'une pareille disposition rend le travail plus difficile pour le propriétaire. C'est l'inconvénient habituel des banlieues morcelées. Aussi les habitants s'accordent-ils généralement à procéder aux mêmes cultures en même temps, dans les divers quartiers de la commune.

Des immeubles pour 13.000 francs, 185 animaux valant 4,810 francs, un mobilier agricole et

LA PROPRIÉTÉ 81

industriel de 222 francs, tel est donc l'état de la maison L.... (1).

Grâce à la coutume, la famille de nos hôtes peut se dire propriétaire de son bien, depuis plusieurs générations. En feuilletant les archives, vieilles de deux ou trois siècles, c'est une satis-

---

(1) ÉTAT DES ANIMAUX :

Vaches	8	valant	1.500 fr.
Brebis	140	—	2.500
Chèvres	10	—	100
Juments	2	—	400
Ane	1	—	50
Chiens	2	—	20
Porcs	2	—	200
Poules	20	—	40
	185 fr.		4.810 fr.

ÉTAT DU MATÉRIEL :

Culture : Charrue, 40 fr. ; Herse, 10 fr. ; Coutre, 10 fr. ; Mercadé, 5 fr. ; Pioches, 10 fr. ; Faux, 10 fr. ; Haches, 10 fr. ; Traîneaux, 6 fr. ; Cribles, 3 fr.

Fabrication du fromage : — Moule (*Aà*), 2 fr. ; Plat (*echera*), 2 fr. ; Chaudron (*cubet*), 24 fr. ; Aiguilles de bois (*broques*), 0 fr. 10 ; Vase en fer blanc pour la traite (*chanche*), 2 fr. ; Vase en fer blanc pour le transport du lait (*pega*), 10 fr. ; bane (*id.*), 8 fr. ; cube (*id.*), 2 fr. ;

Utilisation de la laine : — Fuseaux (*hus*), 0,05 ; Quenouille (*hoursère*), 2 fr. ; Métier (*télé*), 50 fr.

Confection des sabots : — 2 Echoles, 16 fr.

Valeur totale du matériel : 222 fr. 15.

faction vraie de retrouver les noms de famille portés aujourd'hui par la majorité des habitants d'Aste-Béon, les Badie, les Trésaugue, les Borie, les Cazassus, et vingt autres, attachés aux mêmes domaines ; de constater la perpétuité des mêmes usages dans les testaments, les contrats de mariage et autres actes de la vie civile.

Avant de formuler les conclusions que suggère cette courte étude de la propriété, il est indispensable de les fortifier par l'examen de l'*organisation familiale*, ces deux ordres de faits se confondant et s'expliquant l'un l'autre. Le lecteur nous fera donc crédit jusqu'à la fin du chapitre suivant.

CHAPITRE QUATRIÈME

LA FAMILLE.

A certains traits qui viennent d'être relevés, on serait tenté de voir dans notre famille ossaloise une reproduction de cette *famille-souche* tant de fois décrite et dont certains spécimens ont été signalés dans cette région pyrénéenne. Et alors pourquoi cette étude ?

La suite de notre travail nous amènera, on va le voir, à une conclusion bien différente.

Un fait important frappe l'observateur, en Ossau : *le caractère collectif de la vie des habitants*. Ajoutons : *le besoin qu'ils ont les uns des autres*, l'intérêt qu'ils prennent aux affaires de leur communauté.

Nous avons vu le travail à la montagne organisé sous une forme communautaire. De même dans le village. L'assemblée des habitants intervient sans cesse pour surveiller, pour interdire ou tout simplement pour causer. C'est, pour l'étranger, un spectacle très caractéristique, de voir, à Laruns, les pasteurs, drapés dans leurs grandes capes brunes, demeurant sur la place, à deviser, immobiles, durant des heures entières. L'étroitesse du lieu a groupé les maisons et, chose remarquable, a fait de ces centres de population, où la transmission intégrale règne sans partage, des villages à banlieue morcelée.

Le travail impose également cette solidarité. L'homme, nous l'avons dit, est souvent absent du foyer ; les femmes, les enfants ont besoin de se rapprocher, de « se sentir les coudes ». Ce voisinage crée des relations excessivement étroites. Il n'est pas jusqu'aux jeux, aux danses, qui ne trahissent, comme chez les populations patriarcales de la Bretagne, le besoin de se réunir (1).

Quelle différence avec le paysan du Nord, cantonné dans son domaine aggloméré, jaloux de son indépendance, habitué à ne compter que sur lui-même ! Ici la famille procède évidemment d'une formation différente. Encore quelques traits et le caractère nous en apparaîtra nettement.

Quand L.. se maria, il y a plusieurs années,

---

(1) *La Science sociale*, janvier 1891.

il était, depuis l'âge d'homme, investi de la qualité d'*héritier*. Les autres frères savaient que s'ils se mariaient à leur tour, ils devraient s'éloigner du foyer. L'aîné seul demeure avec son ménage à la maison ; jamais plus de deux ménages sous le même toit. Pourquoi ? La raison éclate ; le domaine serait impuissant à en nourrir davantage.

Les familles se proportionnent donc rigoureusement à la propriété, comme celle-ci se proportionne au travail. Pour mieux dire, elle se confond avec le foyer ; c'est la *maison* qui compte dans les relations sociales. Si, à défaut de mâles, l'héritier est une fille, le gendre appelé à l'épouser sera vulgairement connu non par son nom, mais par le nom de la maison.

Avec cette préoccupation de la tradition, on conçoit que la notion de l'autorité soit solidement ancrée dans la famille. Le père y commande sans conteste ; son action y est facile et emprunte au travail un élément permanent d'enseignement.

Voyez la famille L... Autour des parents se groupent quatre enfants : Joseph (10 ans), Jean (7 ans), Jacques (3 ans), Edouard (1 an). Dès l'âge le plus tendre, ces enfants sont élevés dans l'idée que l'héritage paternel est quelque chose de sacré, d'inviolable. Ils voient les oncles accepter l'autorité du frère aîné. Ils savent que la dévolution se fera comme elle s'est toujours faite, et, naturellement, ils conçoivent une très haute idée de l'organisation.

Un autre sentiment, soigneusement développé par les parents, contribue à attacher les jeunes à la tradition : c'est l'amour de la condition de *pasteur*. Dès l'âge de sept ou huit ans, on leur met entre les mains un petit bâton, à la ceinture un petit *salié* (poche à sel), et les voilà partis, à la suite du bétail, se croyant, comme leurs aînés, des personnages d'importance ! Quelquefois, pour intéresser l'enfant, le père lui abandonnera en jouissance une tête de bétail dans le troupeau.

Aussi l'Ossalois ne verra-t-il rien au-dessus de son état. C'est un fait connu de tous qu'un pasteur ne dansera pas avec une ouvrière, pas plus qu'une paysanne avec un ouvrier : ce serait déroger.

De cet orgueil de la condition résulte la prépondérance de l'homme chargé du travail pastoral. La mère est honorée au logis, mais n'aura jamais la première place. Ici l'homme ne perd jamais complètement de vue son foyer, comme le marin ; en tous cas, c'est lui qui reste maître de l'industrie principale, qui est l'art pastoral. Aussi la circonstance que la femme ossaloise porte presque tout le fardeau de la culture ne lui crée pas, dans le ménage, une situation analogue à celle des femmes des pêcheurs des côtes bretonnes dont M. Demolins a décrit le rôle directeur et quelque peu despotique (1).

Dans la famille L..., le père demeure au foyer, ou dans les dépendances du village, la majeure partie du temps. Le travail pastoral est surtout réservé au premier cadet, Simon L..., âgé de vingt-huit ans.

Comme nous l'avons déjà dit, les autres cadets ont émigré :

1° Jean, parti le 5 octobre 1883 ;
2° Jeandot, parti le 5 août 1883 ;
3° Pierre, parti le 25 octobre 1888.

Pourquoi, dans quel esprit, où ont-ils émigré ? Nous le verrons bientôt en étudiant dans ses détails le fait de l'émigration. Pour le moment, ne retenons que ce point important : en émigrant le cadet se propose beaucoup moins de tenter à l'étranger un établissement définitif que de faire rapidement fortune. Aussi est-il peu de cadets ossalois qui, au bout de quelques années passées

---

(1) *La Science sociale*, septembre 1890, p. 185 et suiv.

au loin, ne reviennent au pays, le plus souvent désabusés par une triste expérience. Le cadet ne sait-il pas d'ailleurs qu'en cas de revers il trouvera au foyer de famille un abri pour se reposer? Rien de plus conforme à la tradition. Dans les anciens contrats de mariage se retrouve à chaque instant une disposition stipulant, qu'en cas de ruine ou de veuvage, la fille dotée reviendra dans la maison paternelle, avec droit « à la chambre et aux *herbes deu casau* » (jardin).

Dans la plupart des cas, ce sont les cadets qui font la fortune des maisons. Il n'est pas rare d'en voir qui se vouent au célibat et continuent à travailler pour le profit exclusif de la communauté. Bien que nos mœurs ne comportent plus ces exagérations, l'esprit évoque ici, naturellement, le souvenir de ces anciens cadets auxquels la vieille coutume pyrénéenne faisait une condition si assujettissante qu'on les désignait couramment sous le nom d'*esclaus* (esclaves) (1).

(1) D'après la vieille coutume de Barèges, « le premier-né du mariage, soit mâle ou femelle, est hériter de toutes sortes de biens, de quelque nature qu'ils soient, de souche ou avitins... (Cout. art. 1). » A défaut de descendance légitime tout le patrimoine passait à l'aîné des frères et sœurs du défunt.
En principe les puînés sont serviteurs de l'aîné *(esclaus)*, ne travaillent que pour la maison, ne peuvent la quitter que

Il me semble que nous pouvons aborder maintenant avec plus de sûreté le problème dont nous posions les termes au commencement de cette étude. Sommes-nous réellement, comme l'a cru Le Play et comme on l'a répété après lui, en présence de la *famille-souche* ?

De la famille-souche, on retrouve bien, à première vue, *un* trait habituel plutôt qu'essentiel et spécifique : la transmission intégrale du domaine à un seul héritier. Mais, en poussant plus loin l'analyse, je découvre un certain nombre de faits absolument inconciliables avec l'esprit d'individualisme, d'expansion et d'initiative dont la formation en famille-souche est le principe.

Je vois le travail et la propriété organisés en grande partie sous une forme *collective*; l'héritier conservant autorité sur ses frères; le sort des cadets ne se séparant jamais entièrement du sort de la communauté; une émigration faite avec esprit de retour, c'est-à-dire dépourvue de l'intention colonisatrice.

Mais tout cela, qu'est-ce donc si ce n'est la

---

du consentement des parents ou de l'héritier, sans quoi ils perdent leur légitime. Cf. Eugène Cordier, *Le Droit de famille aux Pyrénées*, Paris, Durand; 1859.

formation patriarcale, modifiée à la vérité, mais conservant des traces évidentes de la communauté originaire? *Communauté réduite*, et réduite à un seul ménage, grâce à deux influences invincibles : *l'exiguité des ressources* et *la difficulté que créent à chaque foyer les labeurs de la culture.*

Ces influences ont agi pour imposer à la famille une modalité accidentelle, mais n'ont pu faire disparaître toute manifestation de la communauté primitive.

En d'autres termes, la famille ossaloise a conservé le plus possible de la communauté ; obligée de se mouvoir sur un petit territoire, elle s'est condensée, réduite à sa plus simple expression, mais n'a pu, par cela seul, acquérir les aptitudes qui dérivent spontanément d'une formation diamétralement opposée.

On s'est évidemment trompé en assimilant les groupements pyrénéens, si patriarcaux dans leurs origines, à la famille-souche des rivages du Nord. Le fait de la transmission intégrale du domaine a pu faire illusion, mais cela ne prouve qu'une chose, c'est que la transmission intégrale, constatée à la fois au Nord et au Sud, n'est pas la caractéristique du régime de la famille-souche. C'est autre part qu'il faut la chercher ; et si le lecteur veut bien nous suivre jusqu'au bout, nous ne désespérons pas de fixer enfin sur ce point une des lois les plus importantes de la science sociale.

Il est aisé de prévoir une objection : Comment ces communautés pyrénéennes, cependant *si réduites*, ont-elles pu s'arrêter devant la réduction extrême, destructive, caractérisée par le partage égal, la liquidation périodique du foyer et de l'atelier ? Comment ne sont-elles pas tombées dans le type de la famille instable ?

On aura la solution du problème, si l'on veut bien considérer qu'on observe précisément ce même arrêt à l'extrême limite de la déformation communautaire et en deçà de la désorganisation familiale, *dans tous les pays de montagnes* occupés par des dérivés de patriarcaux : chez les Sud-Slaves, en Suisse, comme dans les Pyrénées.

Qu'y a-t-il donc de si particulier dans ces montagnes que l'on ne trouve pas dans les plaines, où les communautés ainsi réduites passent si facilement à la famille instable ? Il y a le *pâturage, l'art pastoral*, qui reste persistant et prédominant.

Ainsi l'art pastoral qui, à l'origine, a produit la communauté, la préserve encore de la déformation totale, alors même qu'il est réduit, comme ici, sur de petits espaces, allié à la culture et à la vie sédentaire. Tant est puissante sa vertu communautaire !

Il faut nécessairement aboutir à cette conclusion, si l'on veut expliquer rationnellement les phénomènes que nous avons déjà analysés et ceux que va mettre au jour la suite de cette étude.

Comprend-on maintenant pourquoi, entre autres bonnes raisons, les villages de la vallée d'Ossau se présentent sous les dehors de la *baulieue morcelée* ? C'est que ce type, loin d'être nécessairement particulier aux régions de familles instables, est, avant tout, le mode naturel d'installation des sociétés patriarcales et pastorales, *quand elles passent à la culture*. On en saisit un exemple dans les villages russes. Bien que la culture oblige à partager la terre par foyers, ces sociétés ne dispersent pas les foyers, mais elles les tiennent groupés en villages, par l'habitude qu'elles ont de *vivre en commun*, et par la nécessité de continuer à *s'entendre encore sur tout ce qui reste de commun et demeure de beaucoup le principal* : l'exploitation des pâturages.

Nous allons voir maintenant dans quelle mesure, réduite toujours mais persistante, ce caractère communautaire va apparaître dans les autres groupements sociaux

CHAPITRE CINQUIÈME

LE MODE ET LES PHASES DE L'EXISTENCE ;
LE PATRONAGE ET SES AUXILIAIRES.

L'analyse à laquelle nous nous sommes livré dans les précédents chapitres nous a conduit à cette conclusion ;

La forme communautaire, caractéristique des races pastorales, demeure, aujourd'hui comme il y a plusieurs siècles, à la base de la famille ossaloise ; et les manifestations qui, de prime abord, semblent incompatibles avec ce type s'expliquent par la modification que lui a nécessairement imposée l'étroitesse du *lieu* et des *moyens d'existence.*

Nous avons à voir si cette conclusion n'est pas démentie par l'étude du *mode* et des *phases de l'existence.*

La Famille nous est connue. Nous savons comment ses éléments se superposent et se hiérarchisent, comment elle est armée pour subsister, et sur quels moyens habituels se reposent ses chefs pour en perpétuer la tradition.

Si l'influence de la communauté est assez puissante pour avoir déterminé le sens et la direction de cette éducation morale, il est évident que nous retrouverons son action dans tout ce qui concerne la satisfaction des besoins matériels, qui, plus étroitement encore, se conforment aux exigences du sol et du travail, causes fondamentales du régime communautaire.

Il suffit, en effet, de jeter les yeux autour de nous pour sentir combien nous dépendons du milieu qui nous entoure pour la nourriture, l'habitation, le vêtement, l'hygiène, les récréations.

Aussi le lecteur n'aura-t-il pas de peine à saisir, dans les usages de la vie courante qu'il reste à lui faire connaître, les mêmes traces de la communauté, plus ou moins apparente mais toujours essentielle.

I. — LE MODE D'EXISTENCE.

La nourriture. — Pour la majeure partie de ses dépenses domestiques, la famille L... se suffit à elle-même. Le voisinage immédiat fournit l'excédent. On peut donc, avec vérité, dire que la consommation est ici absolument proportionnée aux ressources du sol et du travail local.

La nourriture est sobre et saine, empruntée en partie aux produits du troupeau. La base en est le maïs, consommé sous forme de bouillie (*broye*), ou de pain mélangé de maïs et de froment. Le maïs entre aussi quelquefois exclusivement dans la composition du pain, qui prend alors le nom de *méture*.

La récolte du blé est-elle insuffisante, on se pourvoit au dehors soit de pain soit de farine. Les propriétaires qui, comme L..., possèdent leur moulin, achètent le grain qui leur manque aux cultivateurs de la plaine. L... recourt rarement à cet expédient : les 10 hectolitres de froment, les 10 d'orge et les 20 de maïs qu'il emploie chaque année lui sont fournis par ses champs.

Ajoutez 5 kilos de viande de bœuf, et 12 kilos de veau, 40 kilos de mouton et surtout la viande de 2 porcs, soit 360 kilos ; 6 têtes de volaille, des légumes récoltés au potager, choux, pommes de terre, pour une quantité de 9 hectolitres ; 40 kilos de fromage, et 130 douzaines d'œufs ; le tout valant 1.205 francs : vous aurez l'ensemble de la consommation annuelle de la famille.

On achète aux bouchers du chef-lieu de canton la viande de bœuf et de veau. Les autres animaux sont abattus dans le village ; l'exécution du porc, le *pèle-porc*, comme on dit en Béarn, revêt en particulier l'importance d'un événement domestique auquel prend part tout le voisinage.

N'oublions pas 300 litres de vin, acheté au-dehors, au prix de 90 francs. Mais tout le monde n'a pas cette aisance.

Le matin, vers 8 heures en hiver, ou 7 heures en été, se fait le *dîner*, repas substantiel composé de la traditionnelle *garbure*, ou soupe aux choux, et d'un morceau de lard. A midi ou une heure la famille procède au *goûter* (*brespé*), qui comprend un peu de pain et de légumes, du fromage ou du *greulh* dans la saison (1). Vers 7 ou 8 heures du soir, c'est le *souper*, c'est-à-dire de la *broye*, un peu de petit-lait, du pain, du fromage et de l'eau.

A l'époque des grands travaux d'été, la nourriture est améliorée, principalement par l'adjonction d'un peu de viande et de vin.

L'habitation. — Quant vous arrivez devant la

---

(1) Le *greulh* est, comme nous l'avons dit, une matière grasse obtenue en faisant chauffer le petit lait restant après la confection du fromage.

maison de notre hôte, une cour close de murs s'offre à vous, à laquelle vous accédez par un portail fermé d'une grille en fer : détail qui a son importance, le portail étant ici, comme dans toute la région, le signe d'une certaine aisance.

En traversant la cour, dont le sol est recouvert de fumier, on atteint la porte de l'habitation. Là, vous constatez que, par une disposition commune à toute la vallée, le rez-de-chaussée est exclusivement affecté aux animaux et au matériel agricole. Chaque espèce de bétail occupe une étable séparée ; le fourrage est entassé, aux deux extrémités de la maison, dans un grenier communiquant avec la crèche.

Le rez-de-chaussée de L... ne suffisant pas à son troupeau, il a construit en retour, à droite de l'habitation, un corps de logis à usage d'étable pour les vaches.

Au milieu de l'aire qui sépare et précède les différents quartiers, s'ouvre l'escalier menant à l'étage supérieur consacré à la famille et composé de trois chambres.

La première impression est qu'un semblable aménagement, où bêtes et gens sont quelque peu confondus, doit être aussi pernicieux qu'incommode. Il eût été cependant difficile de procéder autrement dans un pays où pour les raisons que l'on sait, les villages ont été obligés de se tasser, en économisant le terrain. Ainsi, comme dans presque tous les pays montagneux, en Suisse, en Corse et ailleurs, le paysan a l'avantage de garder sous la main tout son bétail et de profiter du chauffage de la maison habitée pour sécher le fourrage qu'il enmagasine sous son toit.

Au plafond des chambres, pendent les épis de maïs que l'on conserve pour semence. Le reste des grains est enfermé dans des *arcs*, ou coffres, placés dans les chambres et les greniers.

Derrière le logis s'étend un petit jardin légumier, précédé d'une basse-cour qu'ombrage une treille de belle venue,

Les constructions sont solidement bâties en moellons de marbre gris. La toiture en ardoises s'élève à un angle très aigu propice à l'écoulement des neiges.

Dans les travaux domestiques, on se sert habituellement de chandelles de résine dont le prix est modique (15 centimes le kilo). Pour la visite des étables et les soins à donner aux bestiaux, L... emploie des lampes à pétrole ; le tout ne dépasse pas 33 fr. 40 c. par année.

Le vêtement. — Pour s'habiller, nos Ossalois ne recourent guère à autre chose qu'aux produits du troupeau. C'est la laine qui forme la principale matière des vêtements, à commencer par le berret brun en laine tricotée et foulée, dont on se fournit dans les villes sous-pyrénéennes de Nay et d'Oloron, jusqu'à la veste et le pantalon de cordelhat qui résistent à toutes les intempéries. L'ancienne culotte ne reparaît plus que les jours de fête, où les jeunes gens portent encore l'élégant costume ossalois.

Un des vêtements les plus caractéristiques est la *cape*, grand et lourd manteau à capuchon, retombant en longs plis et garni de houppes dont le nombre et la disposition varient suivant les villages. Le pasteur a toujours deux ou trois capes qui lui servent à se protéger contre la fraîcheur des nuits d'été au cujala. Ordinairement, la cape de laine noire est portée en signe de deuil et désigne les veufs.

Le costume se complète par les sabots, dont la pointe est recourbée en arrière et dont la ganse est articulée, afin de se prêter aux positions du pied dans les montées et descentes sur les pentes abruptes. Quand il fait beau, on se sert de chaussons de laine ou de sandales de corde ou de jute.

Voilà pour les hommes.

Le costume des femmes, sans avoir la grâce de bien d'autres costumes nationaux, ne manque pas d'originalité. La tête est enserrée dans une petite coiffe blanche collante, d'où s'échappent une ou deux longues tresses pendantes sur le dos et entremêlées de rubans et de fils de métal. Un capulet rouge ou noir posé sur le tout achève le costume de sortie. Un corsage ou veste galonnée et des jupons de laine épaisse aux mille plis, des bas de laine sans pied venant s'ajuster sur la chaussure; tel est l'ensemble de l'habillement.

En somme, ces vêtements de laine sont les plus hygiéniques de tous : par eux, le montagnard est protégé contre les brusques refroidissements sur les hauteurs, cause la plus fréquente des maladies.

L'hygiène. — La santé publique est bonne, la population robuste, bien qu'on en pût douter en comptant le nombre des exemptions du service militaire prononcées dans le seul canton de Laruns. Mais ce fait s'explique suffisamment par l'esprit d'indépendance et l'attachement au sol natal innés chez le montagnard et qui ne le font reculer devant aucune manœuvre, le plus souvent avec succès, pour se dérober au service.

Dans la plupart des communes de la vallée, le service de santé est assuré par le système de l'*abonnement*, soit individuel, soit collectif. Aste-Béon donne par an 200 francs à un médecin de Laruns, qui, pour ce prix, doit fournir ses soins gratuits à tous les habitants du village.

Le voisinage des Eaux-Bonnes et des Eaux-Chaudes ne donne aux habitants de la vallée aucun droit à l'usage gratuit des eaux thermales, sauf le cas d'indigence dûment constaté.

Pour les accouchements, on appelle parfois des sages-femmes de Laruns ou de Bielle, et, le plus souvent, des matrones de l'endroit qui s'en font une spécialité.

Les récréations. — L'hiver, tandis que les hommes sont à l'étable et donnent leurs soins au bétail, les femmes se réunissent, tantôt chez l'une, tantôt chez l'autre; le cercle file ou tricote, un narrateur de bonne volonté conte une histoire ou un enfant fait la lecture. Ainsi passe la veillée.

Dans les maisons où l'on cultive le lin, le dépiquage est l'occasion d'une corvée récréative. Le lin est étendu, au rez-de-chaussée, sur l'aire de la grange, et garçons et filles dansent dessus pour en faire sortir la graine, en s'accompagnant de chants monotones.

La danse, du reste, est la grande passion de l'Ossalois. Il danse, non seulement aux fêtes patronales, comme le 15 août, à Laruns, mais au village, aussi fréquemment qu'il le peut. Ceux d'Aste-Béon comptent trois grandes occasions de danser : au carnaval, au départ des pasteurs pour la montagne et à leur retour. Les danses sont graves, rappelant un peu la bourrée bretonne. Aussi y voit-on peu d'inconvénients, au moins pour le *branlou*, qui se fait en plein jour et sous les yeux de toute la population, aux aigres sons du violon et du *tambourin*. Le *passe-carrère* ou promenade rythmée à travers les rues a lieu généralement la nuit et suppose le mélange étroit et fort bruyant des sexes; aussi est-il beaucoup moins innocent et les curés lui font-ils une guerre fort explicable.

Toutes ces récréations dénotent le besoin de se réunir, et, bien que moins expansives que celles du Provençal, trahissent évidemment la même formation patriarcale. Au reste, l'Ossalois a toujours affectionné les spectacles, les « mystères », tout ce qui frappe vivement l'imagination en mettant en scène des personnages romanesques. Les représentations en plein air, où, dans un mélange aussi imprévu que pittoresque, figurent Charlemagne, Roland, les Maures, les douze apôtres, étaient fréquentes à une époque peu reculée. Aujourd'hui encore, certaines vallées voisines ont gardé fidèlement la tradition de ces « pastorales », auxquelles s'intéresse passionnément la jeunesse de toute la contrée.

II. — LES PHASES DE L'EXISTENCE.

Dans cette société de pasteurs, où les droits sont équilibrés avec tant de jalouse prévoyance, l'usage a fait néanmoins prévaloir certaines distinctions honorifiques : tant est puissant le sentiment de la personnalité ! Certaines familles réputées comme celles des plus antiques propriétaires du sol, occupent, dans la considération publique, une place de choix. On les nommait jadis et on les nomme encore familles *casalères*, en souvenir du *casau* (jardin) qui caractérisait autrefois l'habitation de l'homme libre. Bien que cette primauté d'origine n'entraîne plus aucun privilège légal, les anciens de la commune n'en conservent pas moins dans leur mémoire la liste de cette aristocratie paysanne et n'en prononcent les noms qu'avec déférence.

Sans être casalère, la famille de notre hôte L... est une des plus anciennes du pays. Le père vivait encore quand, il y a douze ans, Joseph L... épousa une fille de Béon, âgée de vingt-six ans. C'était se conformer à la coutume. Dans un pays où la commune a gardé quelque chose de la solidarité et des préjugés du clan, l'opinion publique aime peu ceux qui vont chercher femme au dehors, pas plus qu'elle n'accueille très favorablement ceux qui viennent d'ailleurs pour se marier, les *hors biengutz*. Cette répugnance est si accentuée que l'on constate très peu d'alliances entre les deux cantons qui composent la vallée.

Ici le mariage est surtout *l'affaire des parents*. Il faut écarter l'idée de l'initiative habituelle aux jeunes gens du Nord, formés de bonne heure à « se débrouiller » eux-mêmes. Le plus souvent, les parents font un choix et mettent en avant des intermédiaires. Lorsque les négociations ont amené l'accord sur les questions d'intérêt, les premières débattues, le père du jeune homme se rend, le soir indiqué, chez les parents de la jeune fille, où a lieu une petite fête intime : c'est la *cases entrade*. On cause encore d'affaires; en se retirant, on fait le passe-carrère. De ce jour les jeunes gens sont fiancés.

Une fois le mariage décidé, a lieu le contrat de mariage, ordinairement suivi du mariage civil. Puis les futurs se retirent chacun chez soi, et très souvent la bénédiction nuptiale est remise à plusieurs mois plus tard.

La mention de ces délais assez singuliers se rencontre également dans tous les anciens contrats de mariage. On arrête devant notaire les conditions matérielles de l'union, et l'on stipule que le mariage « sera célébré devant l'Eglise un mois après la réquisition de l'une des parties ».

J'avoue que je fus passablement intrigué en constatant cet étrange usage. Des explications qui m'en furent données je n'en retiens qu'une, qui emprunte sa vraisemblance au régime sous lequel est organisé le travail.

Par suite de son industrie pastorale, l'homme s'absente fréquemment. Or il peut arriver que les parents, sans vouloir l'entrée immédiate des enfants en ménage, tiennent cependant à les engager. Le mariage civil est une garantie, une assurance prise contre un changement d'avis, un caprice éventuel, qui, d'un côté ou de l'autre, pourrait se produire pendant l'absence.

On arrive ainsi à l'âge de vingt-cinq à trente ans pour les hommes, de dix-huit à vingt-cinq ans pour les femmes.

La veille de la solennité religieuse, le futur, ou la future quand elle est *héritière*, va porter au curé un gigot, un demi pain et un *piché* de vin : c'est le cadeau de la *maison*. Le matin du grand jour, après avoir déjeuné, on se rend à l'église, précédés d'un ménétrier. Au sortir de l'église, les jeunes gens du cortège tendent d'un bord à l'autre de la porte une ceinture sous laquelle doivent passer les gens de la noce, en recevant un bouquet et en payant une légère rançon. Ensuite, tout le monde s'en va danser jusqu'à quatre heures, en attendant le grand repas de la fête. Mais auparavant, le cortège se reforme et va conduire l'épouse dans la maison du mari, où le curé est ordinairement venu bénir la chambre nuptiale. En même temps y entre le *présent*, sorte d'appareil pyramidal orné de rubans et garni de pains, d'oranges, et que la fille d'honneur porte sur sa tête.

Telles sont les coutumes ordinaires des mariages.

En entrant en ménage, la femme de L..., comme il est d'usage, a stipulé le régime *dotal*. La communauté légale, ce fruit de nos coutumes du Nord, est inconnue dans la vallée d'Ossau. Cela tient sans doute aux institutions romaines qui, pendant quatre siècles, se sont très fortement imposées à cette région, mais bien plus encore à la tradition du vieux droit pyrénéen, dont il sera dit un mot plus loin et d'après laquelle la condition de la femme était entourée de garanties et même égalée à celle de l'homme tant au point de vue de l'hérédité que du mariage.

Quelquefois la femme apporte en dot une pièce de terre. Le plus souvent, la dot est mobilière : 2.000, 3.000, ou 4.000 francs ; un trousseau d'une valeur de 500 à 600 francs (lit garni, linge de table, etc.) ; une armoire ou coffre en noyer ; enfin une vache et dix brebis, que la coutume désigne sous le nom de *semences*, comme pour ainsi dire le germe, la base de la prospérité matérielle du ménage.

En cas de décès sans postérité, le droit de retour est stipulé au profit de la famille. C'est exactement la coutume des derniers siècles, ainsi qu'il est facile de s'en convaincre à l'examen des anciens titres. (1).

(1) Pour la confirmation de cette assertion nous renvoyons le lecteur à l'appendice B, où il trouvera certains traits bien significatifs de la vie familiale d'autrefois en Ossau.

Quand la sœur de L... se maria, il y a deux ans, voici quelle fut sa situation. Le père, avant de mourir, avait recommandé sa fille à l'héritier, en lui enjoignant de lui constituer en dot 2.000 francs. La volonté du père fut respectée, et au-delà. Dès que la jeune fille fut recherchée en mariage, les cadets se cotisèrent : l'un promit 600 francs, l'autre 1.000 ; l'aîné ne voulut pas rester en arrière, et Marie L... entra dans sa nouvelle famille avec une dot de 4.000 francs, un beau trousseau et les semences ordinaires.

Il n'y a pas longtemps encore, les funérailles servaient d'occasion à un usage dont il est inutile de faire ressortir la filiation patriarcale ; je veux parler des pleureuses à gages. Comme jadis à Rome et à Carthage, le cercueil était suivi de femmes en larmes, se frappant le visage et chantant sur un ton plaintif et parfois avec une sauvage éloquence les louanges du défunt. Aujourd'hui les pleureuses à gages ont à peu près disparu d'Ossau ; mais la douleur des parents se manifeste généralement, en dehors de l'église, par des lamentations cadencées, des apostrophes et de bruyants adieux.

Pour achever l'esquisse des mœurs de notre petite commune, nous ajouterons que les scandales y sont rares. Depuis sept ans, le curé n'a fait que deux baptêmes d'enfants illégitimes. De tels désordres sont flétris par l'opinion, et leurs auteurs s'exposent à des charivaris, ou autres démonstrations de nature à les retenir dans le devoir, à défaut d'autre sanction morale.

III. — LE PATRONAGE ET LES INSTITUTIONS AUXILIAIRES DU PATRONAGE.

On a pu constater que la simplicité qui domine dans l'organisation du travail et de la propriété en Ossau excluait tout *patronage individuel*. Pas de grands propriétaires ; pas d'industrie patronale.

Cependant, étant donné que *l'herbe rend imprévoyant* (1), qu'elle engendre le régime commu-

---

(1) « La pratique de l'art pastoral développe l'imprévoyance. Le troupeau livrant chaque jour le lait et la viande nécessaire à la consommation de la famille, celle-ci n'a pas besoin de la longue prévoyance que demande, par exemple, la culture. L'homme est porté à compter plus sur les événements que sur lui-même ». *La Science Sociale*, janvier 1886, p. 30. *Les Origines des trois races agricoles.*

nautaire, le pasteur ne peut se passer absolument d'un certain patronage, ou, si l'on veut, d'une certaine contrainte qui l'oblige à ménager ses moyens d'existence.

Cette imprévoyance du pasteur se révèle par de nombreux traits chez l'Ossalois, ami de la bonne chère et trop porté à satisfaire ses convoitises, surtout dans les localités fréquentées par l'étranger.

Déjà, au dix-septième siècle, l'intendant Le Bret avait fait cette remarque. Parlant des travaux qui appelaient en Espagne les hommes de la vallée, il ajoutait : « Ils en rapportent quelque argent, l'hiver, et s'il leur reste quelque somme considérable de leur gain, après avoir payé la taille et la dépense de leur famille pendant leur absence, ils en emploient une partie à l'acquisition de quelque fonds *et mangent le reste*. (1). »

La contrainte salutaire dont nous parlons est exercée, en Ossau, par la *modicité des moyens d'existence*. Cette limitation inconnue dans la grande steppe, où le pasteur n'a qu'à se baisser pour prendre, ramène constamment l'esprit à la nécessité de

---

(1) *Mémoire de l'état présent des royaumes de Basse-Navarre et païs de Béarn*, dressé le 31 décembre 1700, par M. Le Bret, Intendant.

la lutte contre un sol ingrat, contre un climat changeant, contre les risques sans cesse renouvelés des mauvaises récoltes, des crises commerciales. C'est encore le lieu, c'est la montagne qui a joué le rôle de préservatif contre les inconvénients inhérents à la société communautaire.

A cette contrainte physique, joignez le patronage moral des institutions familiales, syndicales, communales.

Nous avons vu la conservation du foyer assurée, l'autorité paternelle respectée par tous, la gérance des intérêts communs, de l'atelier de travail, réglée par la commune et le syndicat. Ce dernier point nous apparaîtra bientôt avec plus d'évidence.

Grâce à ces divers soutiens, l'individu reçoit une large protection dans l'exercice et le développement de son activité.

Mais ce n'est pas tout. Il reste à montrer comment trouvent leur satisfaction d'autres besoins d'ordre supérieur, non moins nécessaires dans le gouvernement de la vie ; et ceci nous amène à parler des Cultures intellectuelles et de la Religion.

L'Ecole. — La population ossaloise professe pour l'instruction un goût assez vif dont témoignent dans le passé tous les écrivains qui ont parlé de la vallée.

Comme toutes les autres communautés, Aste-Béon choisissait elle-même et payait son régent. Le nombre des illettrés était peu considérable. Il en est de même aujourd'hui : en 1865, une statistique départementale donnait au canton de Laruns le numéro *un* pour l'enseignement primaire. Tous les hommes savent au moins lire, écrire et compter. Dans les bagages du pasteur qui part pour la haute montagne figure toujours quelque livre destiné à tromper l'ennui de la solitude. On a même vu parfois s'y glisser un petit code, ce qui n'a rien d'étonnant, étant donné le tempérament processif de l'Ossalois.

L'école d'Aste-Béon est mixte. La femme de l'instituteur reçoit de la commune une allocation de 100 francs pour faire aux petites filles un cours de couture et de tricot.

Pendant la belle saison où les enfants sont employés à mille travaux, notamment à la garde du troupeau, l'école est, naturellement, moins fréquentée. L'administration a beau s'indigner de ces absences multipliées, la force des choses l'emporte sur les réglements législatifs. Quant à la commission scolaire, ce fameux instrument de l'obligation, ce n'est pas assez dire qu'elle ferme les yeux : le plus souvent elle ne fonctionne pas, à la parfaite satisfaction de tous.

Le Culte. — La religion est généralement respectée en Ossau. Lorsque les mœurs religieuses sont un peu altérées dans une commune, on peut dire que la faute en est à quelque contact étranger. C'est ainsi que les localités situées sur la rive droite du Gave présentent, ainsi que nous en avons déjà fait la remarque, un état de conservation supérieur à celles de la rive gauche. Le touriste qui parcourt consciencieusement la vallée fera vite la différence entre les mendiants importuns qui l'assaillent à Bielle ou Laruns et la population discrète et polie de l'autre rive.

Les enfants font ici leur première communion vers l'âge de dix ou douze ans. On retarde autant que possible cette cérémonie, et pour une raison que fournit toujours le travail. Quand l'enfant a commencé à fréquenter la montagne et la plaine, il devient très difficile de l'instruire et de le surveiller ; on veut donc avoir le temps de lui donner une instruction sérieuse.

Le repos dominical est observé sans exception, sauf les dispenses accordées par le curé pour les travaux d'absolue nécessité. On peut en dire autant, d'une façon générale, de toutes les habitudes chrétiennes. La prière du soir en commun continue encore dans les familles, et l'on y attache la plus grande importance aux pratiques du culte des morts. Le service de huitaine ou *tournecorps*, et le service anniversaire réunissent toute la parenté. Nul n'y manquerait, et c'est avec un rigoureux formalisme que l'on se conforme aux règles que l'usage a fixées pour ces circonstances. Par exemple, le corps doit être porté par *les plus proches parents* du défunt. De même, à l'offrande, la famille se présentera par ordre de proximité, et, dans chaque lignée, par rang d'âge. Violer cette étiquette serait une grave injure. Après la cérémonie, a toujours lieu le repas des funérailles servi par la famille et habituellement composé de pain, d'œufs durs et de fromage.

L'importance attachée par l'Ossalois à ces pratiques procède beaucoup moins sans doute du zèle religieux que du respect de la tradition familiale. Malgré la déformation inévitable que lui ont imposée les influences extérieures, le groupement familial n'a pu dépouiller tous les caractères de la communauté primitive. La préférence donnée aux alliances contractées sur place a contribué à créer, dans chaque commune, entre concitoyens, une sorte d'affinité inconnue, du moins à ce degré, dans les villages de la plaine. Et le titre d' « oncle » et de « tante » par lequel les enfants saluent ici familièrement toutes les personnes de leur connaissance exprime certainement, dans la pensée populaire, autre chose qu'une banale formule de politesse.

Pour faciliter le service religieux entre les deux parties de la commune, le curé célèbre deux messes le dimanche ; les offices solennels sont alternativement chantés dans l'une et l'autre église. Chacune des deux sections, en effet, a son église, sa fête et son saint : saint Jean à Aste, saint Julien à Béon.

A ce propos, il n'est pas sans intérêt de noter au passage une légende qui montre la persistance avec laquelle se conservent les traditions. Deux vaches s'étant un jour trouvées en péril sur un des pics qui surmontent la commune, leur propriétaire fit vœu de consacrer à perpétuité à saint Julien le produit de ces animaux. Les vaches arrivèrent en bas saines et sauves, la promesse fut tenue, et encore aujourd'hui, après plusieurs siècles, au nombre des ressources de la fabrique d'Aste-Béon, figure une rente de 421 francs que la piété populaire rattache expressément à cette fondation ininterrompue.

Il semble que ce milieu favorable à l'association dût encourager l'éclosion de confréries religieuses. Il n'en est rien. Les femmes étant, en l'absence des hommes, très fréquemment appelées au dehors par le travail des champs, il devient assez difficile de les rassembler. Et puis, il faut tenir compte d'un autre motif suffisamment caractéristique, la quasi impossibilité où l'on serait d'interdire la danse à la jeune fille. La danse est tellement passée dans les mœurs que la jeune fille qui s'en abstiendrait, non seulement se singulariserait, mais s'exposerait à des suppositions désobligeantes : « Pourquoi ne danse-t-elle pas ? Elle n'a donc ni force ni santé ?... » Or, ici, point de place pour les faibles.

Ainsi qu'on a pu le voir, le pasteur d'Ossau, livré à lui-même, serait presque entièrement désarmé contre les rigueurs de l'existence. L'organisation communautaire de son travail, la forme en partie collective de la propriété l'enchaînent dans une dépendance étroite et journalière à l'égard de ses concitoyens.

Rien que cette constatation crée entre lui et le paysan du Nord une différence essentielle.

Cette solidarité, qui s'est déjà révélée par tant de traits dans la vie privée, va nous apparaître plus clairement encore dans les divers groupements que les nécessités du travail ont constitués en dehors de la famille et au premier rang desquels se classent le *voisinage*, le *syndicat* ou *corporation d'intérêts communs* et la *commune*.

CHAPITRE SIXIÈME

LE VOISINAGE ET LE GOUVERNEMENT LOCAL

I. — LE VOISINAGE

Ici, comme dans toute société issue d'une formation en communauté, le voisinage prend une importance considérable. On a souvent un coup de main à donner ou à recevoir. Alors que les changements de temps surviennent avec brusquerie et qu'une récolte peut être détruite en une heure, il est nécessaire de compter les uns sur les autres. Aussi les voisins refusent-ils rarement leur concours. C'est ainsi que nous avons vu ceux de la famille L... prendre part, gratuitement, au battage du blé et à la tonte des brebis.

A ce besoin d'assistance réciproque se rattache la coutume, si répandue dans tout le midi de la France, du *premier voisin*. Le premier voisin, celui dont l'habitation est la plus rapprochée, fait, pour ainsi dire, partie de la famille. C'est lui qui doit être informé le premier des principales survenances ; lui qui, en cas d'empêchement, remplace la famille, l'aide à recevoir ses hôtes, à remplir les devoirs de politesse auxquels l'Ossalois tient par dessus tout.

J'ai parlé de son formalisme à l'endroit des coutumes funéraires. La règle de l'hospitalité n'est pas pour lui une affaire de moindre importance. Jamais nos montagnards, gens assez irascibles, ne se permettront une discussion chez un tiers. Deux ennemis, se rencontrant au foyer d'un ami commun, seront réciproquement pleins de courtoisie, sauf à reprendre leur inimitié à la porte.

Jusqu'à ces dernières années, était en vigueur, à Aste-Béon, une très utile coutume basée sur le même sentiment de solidarité. Quand un animal périssait dans la montagne, à la suite d'un accident, le village entier devait se cotiser pour indemniser le propriétaire. Si la viande de l'animal tué était reconnue propre à la consommation, on se la partageait à raison de 60 centimes par maison ; dans le cas contraire, chaque feu était taxé à 50 centimes au profit du perdant : c'était une forme d'assurance mutuelle.

Quand nous en viendrons à l'histoire de la race, il sera précieux de constater à quel point ces coutumes de voisinage et d'hospitalité et cet usage de fournir des animaux à qui en a perdu rappellent les pratiques traditionnelles des pasteurs d'Afrique.

II. — LE SYNDICAT

Les intérêts qui naissent du travail pastoral dépassent la limite de la petite commune. Comme il en est de même pour toutes les autres communes de la Vallée, il faut admettre la nécessité d'une autorité supérieure ayant pour fonction de gérer et modérer les droits de tous.

C'est encore aux conditions du lieu qu'il faut, comme de tant d'autres faits sociaux, en demander les raisons.

Tandis que la partie habitable de la vallée où se groupent les villages est peu considérable, les grands espaces de pâturages montagneux qui s'étendent au sud et jusqu'à la frontière espagnole ne peuvent être utilement exploités par une seule commune. Toutes y auront donc accès. Mais il est évident que la jouissance n'en pouvait être abandonnée à l'arbitraire, car les pacages sont de valeur fort inégale et la possession en eût été constamment disputée.

Les causes qui ont imposé une organisation communautaire du travail aux habitants d'un même village (1), ont imposé la même contrainte à tous les villages entre eux pour l'exploitation de ces grands pâturages des sommets ; sans quoi, le gaspillage aurait eu vite raison des ressources du sol. Rappelons-nous que la nature du travail est identique pour toute la vallée et que, pour les motifs connus, il n'existe aucune classe patronale, capable de limiter les abus par l'influence de l'exemple personnel. C'était donc encore à la communauté à pourvoir d'elle-même à sa propre conservation. La nécessité de tenir la balance égale entre tous a fait surgir un groupement spontané qui se révèle, dès une haute antiquité, et dont la forme a varié plusieurs fois.

Ce fut d'abord, et pendant plusieurs siècles, la *jurade* ou assemblée des *jurats* de la vallée.

La tourmente révolutionnaire emporta cette institution. Mais rien ne répugne à l'anarchie comme les lois du travail pastoral. Chaque année, en effet, aux mêmes époques, l'herbe pousse et

---

(1) Voir plus haut, chapitre deuxième.

disparaît, avec une périodicité fatale, qui défie la volonté de l'homme. En 1816, un arrêté préfectoral pourvut au nécessaire en autorisant une *Assemblée générale*. La loi municipale du 18 juillet 1837 fit plus, en instituant définitivement des *Commissions syndicales* pour la gestion des biens indivis entre plusieurs communes. Sauf le nom, c'était l'antique organisation des délégués élus ; règlements, coutumes, sanctions, rien n'avait changé. Aujourd'hui encore, c'est dans les textes vieux de trois et quatre siècles que l'on va chercher la solution des difficultés que peuvent soulever les questions de pacage.

Le Syndicat d'Ossau fonctionna donc jusqu'en 1855, époque où eut lieu le partage des biens communs entre les deux cantons de la vallée. Depuis cette époque chacun d'eux a son Syndicat distinct.

Pour décrire le fonctionnement de cet organisme, nous nous en tiendrons au canton de Laruns, le Haut-Ossau, où l'influence de la plaine est à peine sensible et où le type observé s'est maintenu avec ses caractères les plus tranchés. Le Syndicat du Haut-Ossau comprend l'union de toutes les communes du canton au nombre de huit : Laruns, Aste-Béon, Béost, Bielle, Bilhères,

Eaux-Bonnes-Aàs, Gère-Bélesten, Louvie-Soubiron. Il est administré par une commission formée d'autant de membres que de communes. Chaque délégué est élu pour cinq ans, par le conseil municipal de sa commune. Son mandat est *gratuit*, sauf les vacations qui peuvent être allouées, s'il y a lieu à déplacements ou expertises en dehors de la commune.

Le Syndicat élit son président et son vice-président. C'est à Laruns qu'il tient ses réunions, aux mêmes dates que les conseils municipaux. Ses délibérations sont, au reste, soumises aux mêmes règles que celles des conseils municipaux en ce qui concerne leur validité et la nécessité de l'approbation préfectorale.

Elles portent essentiellement sur les questions de dépaissance, sur la détermination des époques où doivent se faire les coupes de bois, sur la délimitation des quartiers de montagne entre les communes.

Cette dernière affaire est toujours la plus importante. La règle voudrait que l'on tirât au sort la désignation du quartier que fréquenteront les pasteurs de chaque village. En fait, le plus souvent, on établit un roulement entre les communes.

Actuellement, un intérêt de commodité a fait

répartir les quatre montagnes générales en trois groupes, dont chacun demeure affecté à certaines communes déterminées (1) et qui sont ainsi constitués :

A. — Montagne de *Bius*...... : réservée à Bielle, Bilhères, Aste-Béon et Gère-Belesten.

B. — Montagne d'*Ar* et *Seugs*. : réservées à Eaux-Bonnes-Aàs, Béost et Louvie-Soubiron.

C. — Montagne de *Pombie*... : réservée à Laruns.

Le Syndicat du Haut-Ossau ne perçoit pas de *bacade* (2) pour les bestiaux envoyés dans ses montagnes générales. Les recettes qu'il tire de la possession du Pont-Long suffisent amplement à ses besoins, ainsi qu'on peut s'en rendre compte par cet aperçu de son budget :

RECETTES

A. — *Recettes ordinaires provenant du Pont-Long.*

Ventes des ajoncs et fougères.	14.000 fr.
Bacades perçues au Pont-Long (1 franc pour les bestiaux d'Ossau ; 4 fr. 50 pour les bestiaux étrangers).	4.000 —
Location du droit de chasse.	600 —
A reporter.	18.600 fr.

---

(1) La même mesure a été assez récemment prise par les montagnards suisses, tant il est vrai que les mêmes conditions de vie amènent les mêmes pratiques !

(2) Taxation par têtes de bétail.

Report.	18.600 fr.

B. — *Recettes extraordinaires.*

Indemnité payée par l'administration militaire pour feux de guerre.	200 —
Coupe de bois en montagne (p. mémoire). . .	»
Total approximatif.	18.800 fr.

DÉPENSES

Contributions des biens généraux.	2.000 fr.
Gardes du Pont-Long et des Hautes Montagnes.	3.000 —
Abonnement au vétérinaire commun.	1.200 —
Primes pour la destruction des fauves.	100 —
Primes au Comice agricole de la Vallée. . . .	250 —
Entretien des routes, dépenses diverses (p. mémoire).	»
Total approximatif.	6.550 fr.

Les dépenses une fois payées, il reste un excédent, ou *boni*, que l'on peut évaluer à 11 ou 12.000 francs.

Que devient cet excédent ? *Il est partagé entre toutes les communes au prorata du nombre de leurs feux.*

·Ce nombre de feux (*hoec*, maison à cheminée, maison casalère) est fixé par une liste revisée en 1549 et qui, depuis, a servi de base à toutes les répartitions.

Outre cet avantage en argent, le Syndicat

assure aux communes certaines subventions : d'abord, les primes allouées par le *Comice agricole de la Vallée*, qu'il subventionne concurremment avec le département et l'État ; et, en second lieu, les soins gratuits du vétérinaire. Une fois par semaine ce praticien fait la tournée de toutes les communes du canton, où il doit visiter et traiter les animaux malades de tous « les propriétaires cultivateurs originaires du canton de Laruns et y demeurant. »

III. — LA COMMUNE.

Tels sont les différents groupements où sont engagées, par la loi de leur travail, nos populations montagnardes.

Il reste à considérer le dernier de tous, celui qui doit pourvoir aux intérêts collectifs, dans l'ordre de la *Vie publique*.

Ici encore nous allons retrouver, et non moins fortement que pour les besoins privés, l'influence du travail pénétrant toute l'organisation municipale et lui imposant en partie sa forme communautaire.

Un des dogmes de notre droit public, auquel

semblent tenir le plus les esprits déformés par un siècle de préjugés, est l'*incapacité originelle de la petite commune rurale*. Pour nos hommes d'État, si la tutelle administrative a sa raison d'être, c'est d'abord et surtout à son endroit.

Dans une société comme celle dont il est ici question, la simplicité des intérêts, le besoin de compter les uns sur les autres, développent, au contraire, chez les individus une aptitude essentielle à régler, par le seul concours des familles et le plus simplement possible, toutes les questions intéressant la vie publique, en d'autres termes, favorisent éminemment le développement de la véritable *démocratie rurale*.

C'est ce qu'il est facile de constater dans l'histoire de notre petite commune.

Les deux villages d'Aste et de Béon ont, de tout temps, formé une seule unité administrative.

Il ne pouvait en être autrement : tous les deux font partie du même bassin et utilisent le même massif montagneux ; tous les deux sont isolés des autres communes de trois côtés par la montagne et d'un dernier côté par le Gave. L'union était donc presque nécessaire.

D'autre part, cette nécessité ne pouvait aller

jusqu'à détruire le besoin de l'indépendance respective qu'éprouvait chaque groupe.

Être maître chez soi et ne profiter de l'union que dans la mesure des besoins, tel était le problème. Voici comment, pour le résoudre, on avait combiné les choses :

A la limite des deux sections, on montre encore avec respect un endroit nommé *Larrecq d'Esteit*, où se réunissaient jadis, de part et d'autre, tous les chefs de famille pour former *l'assemblée générale de la communauté*, et où se décidaient, à la pluralité des voix, toutes les questions intéressant l'administration commune.

L'Assemblée se réunissait suivant les besoins et sans aucune autorisation, sur convocation du *ban* ou *fedexou*, sorte d'huissier nommé par la communauté. Elle traitait de toutes les affaires communes et faisait librement tous les règlements concernant les pacages et la gestion des biens communs (1).

---

(1) « *Les petites communautés pourront s'assembler sans permission*, mais les grandes ne le pourront que par permission du gouverneur, lieutenant général, ou, en leur absence, du Parlement, le tout sans frais. — *Mais pourront sans permission les principaux habitants être convoqués.* » (For réformé, rubr, VIII, 55.)

L'administration municipale se composait d'un *Jurat* et de deux *Gardes*.

Le *Jurat* était alternativement originaire d'Aste et de Béon. Seulement celui d'Aste restait deux ans en charge, et celui de Béon un an : ce qui trouve son explication dans l'importance respective des deux paroisses. Et, — particularité originale, — le Jurat d'Aste était nommé exclusivement par les habitants de Béon, et le Jurat de Béon par les habitants d'Aste.

De même pour les deux *gardes*. Chaque paroisse élisait le garde de l'autre paroisse, mais pour un an seulement.

Telle était la combinaison imaginée pour se garantir réciproquement contre les abus de pouvoir.

Dès à présent, nous pouvons donc prendre sur le vif le fonctionnement de la petite société.

La veille, le *fedexou* a parcouru les carrefours de chaque paroisse et convoqué à haute voix tous les chefs de famille pour l'Assemblée du lendemain. Les voilà qui arrivent, drapés dans leurs grandes capes de laine brune. Ils sont là une centaine, représentant cette puissante et saine race agricole que Le Play désigne si heureusement sous le nom de « Paysans à *cent quartiers de travail et de vertu* ».

Tous sont propriétaires : peu ou point de mercenaires dans ce pays où tout le monde travaille, où les familles sont fécondes et les ressources bornées. Tous sont issus du sol; chacun y incarne sa *maison*, perpétuée d'âge en âge avec un soin jaloux par une coutume bienfaisante de transmission. Chacun a conscience de sa dignité, de sa responsabilité : encore une fois, c'est bien là la représentation vraie du pays.

On se salue gravement et l'on s'assied sur le sol. Aux premières places, les chefs des maisons *casalères* (1), ces descendants des premiers possesseurs. On va délibérer, en face de la montagne, dans ce cadre grandiose de la nature pyrénéenne qui contraste si superbement avec les salles mesquines et malsaines de nos mairies d'aujourd'hui.

Le *Jurat* déclare l'Assemblée ouverte, et la discussion s'engage. Nous sommes, si vous le voulez, au lundi de Pâques : c'est le jour où l'on règle une quantité de questions se rattachant au travail commun, et où l'on renouvelle les fonctionnaires communaux : affaire importante, car il s'agit de protéger la propriété de tous et, par conséquent, les moyens d'existence.

(1) Voir plus haut, chapitre cinquième.

Le printemps ramène les troupeaux vers les hautes montagnes : deux *Estimateurs des herbes* vont être désignés pour constater l'état du pâturage et s'assurer que personne ne s'y est introduit avant le jour fixé. En même temps, les prairies communales vont être mises en défense (1), deux *Estermiadous* veilleront à la délimitation exacte des quartiers *vétés* (2), quatre *Boés*, ou gardiens des bestiaux, seront chargés de veiller à la garde des troupeaux et à la protection des propriétés privées, en montagne et dans la plaine. A eux quatre la communauté paiera 70 francs et donnera de plus à exploiter douze têtes de gros bétail.

Chaque intérêt reçoit ainsi satisfaction. Par exemple, l'intéressante catégorie des chèvres et des porcs, dont les propriétaires peuvent difficilement s'occuper, sera confiée à un gardien commun, qui se déclarera très satisfait de recevoir, pour chacun de ses pensionnaires, une *quoarte*, ou demi-mesure de millet, et 11 liards ou *arditz*. Et, comme le cumul n'est pas interdit, le même gardien s'engagera pour 10 francs par an à sonner

---

(1) Interdiction du pacage.
(2) Interdits.

l'*abémarie* (angelus), les messes mortuaires et le *périgle* ou carillon pendant les orages.

D'autres objets plus relevés fixeront les préoccupations de l'Assemblée. Voici justement qu'Anthony Fourtius, le maître d'école, a quitté le pays; il faut le remplacer. Jean-Pierre Lapuyade, jurat, en présente un autre. M. l'Archidiacre d'Oloron garantit son orthodoxie ; lui-même accepte le traitement annuel : 50 francs bordelais. L'Assemblée a-t-elle quelque dire à opposer ? — Pas d'objection. Augustin Sacaze est donc nommé *reyen* à l'unanimité. Mais qu'il apporte tout son soin à ses nouvelles fonctions, car ceux qui l'ont élu gardent la haute main sur l'école et le lui feront sentir au besoin !

Puis on passe aux questions d'intérêt gouvernemental. L'hiver a été désastreux. Démesurément grossi par les neiges, le torrent *Lamai* a emporté une partie de ses rives ; et comment se défendre ? le bois manque, les forêts sont à grande distance. Il est impossible de payer les 324 francs par lesquels Aste-Béon contribue aux charges de la Vallée ; sans parler des 125 francs de fiefs payés à Jean de Fourtaner, seigneur féodal. On adressera donc une réclamation en forme à M. l'Intendant et au Grand-Voyer. On leur démontrera que, la bacade n'étant que de 1 franc, le maigre budget de la commune est épuisé et qu'il est nécessaire de lui consentir une réduction.

Au reste, M. le Jurat voudra bien faire valoir cette réclamation à Bielle, où va prochainement se réunir la *Jurade*, ou Assemblée générale de la Vallée, et, s'il le faut, aux États de Navarre, si le suffrage de ses pairs l'envoie siéger dans cette grande salle du château de Pau, où les montagnards ossalois tiennent le haut bout, comme antiques propriétaires du sol (1).

Toutes les difficultés passent ainsi sous les yeux de l'Assemblée, où l'on règle tout « à la pluralité des suffrages des habitants »; on y reçoit les comptes, on y donne décharge. Parfois le domaine des intérêts en jeu s'agrandit et la petite commune se trouve entraînée à passer un traité de paix avec une commune ou une vallée voisine.

Les attributions de l'Assemblée commune n'étaient donc pas médiocres. En cas de doute ou contestation, on recourait au *libe bielh*, soi-

---

(1) « On doit savoir que les Ossalois ont un droit particulier dans la salle de Pau, droit qu'ils possèdent sans contestation : c'est d'y occuper le haut bout de la salle quand ils sont en la cour trois ou plus. » For d'Ossau, art. 26.

gneusement conservé comme le dépositaire de la pensée des aïeux.

Les attributions spéciales des deux *gardes* étaient financières. Ils levaient la *taille* et autres impositions et en rendaient compte à l'Assemblée. En dehors de leurs fonctions administratives, ils formaient, réunis au Jurat, un tribunal jugeant entre habitants, au civil et au criminel, pour les causes peu importantes. En cas d'absence, ils étaient suppléés par un *prud'homme*.

Comme aujourd'hui, les deux paroisses d'Aste et de Béon étaient réunies sous le gouvernement d'un seul Curé, et le temporel en était confié à sept *Marguilliers* (quatre pour Aste et trois pour Béon), élus annuellement par les marguilliers sortants. Ils administraient quelques legs faits aux pauvres et en distribuaient le montant, conjointement avec le Jurat et le Curé. A l'expiration de leurs fonctions, il leur fallait rendre compte devant l'Assemblée générale.

D'ailleurs, ce principe de *responsabilité*, à peu près inconnu de notre organisation administrative actuelle, était appliqué d'une façon générale dans notre petite commune.

Deux exemples seulement. Tout contrevenant à un règlement communal n'encourait pas seu-

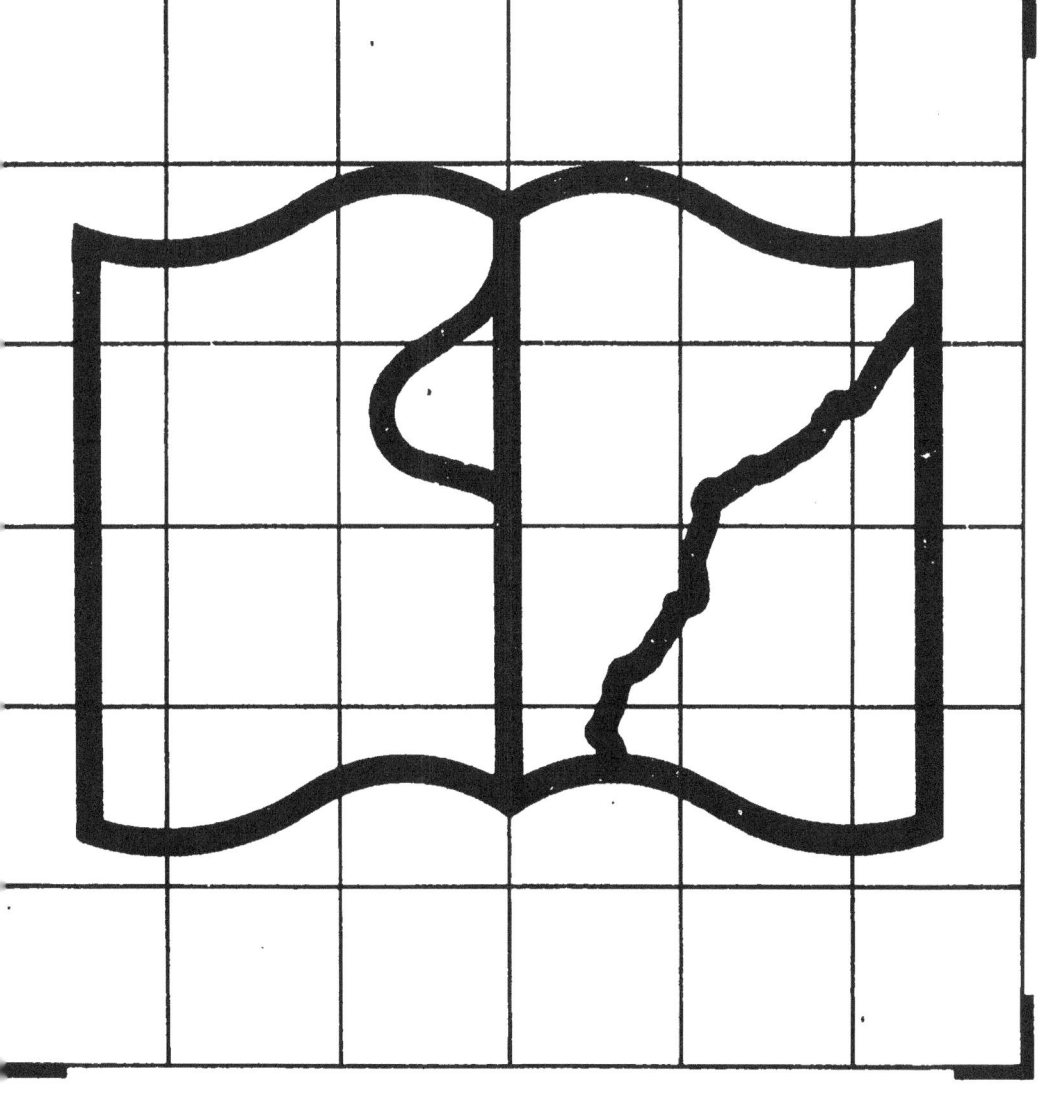

lement l'amende, mais était déchu, jusqu'à libération, *du droit de remplir un emploi pour la communauté*. De même ceux qui négligeaient de satisfaire à leurs prestations, ou ceux qui, dûment convoqués, *se refusaient à prendre part aux Assemblées communales*, étaient frappés de cinq sols d'amende. On voit que l'abstention n'était pas de mise.

Ajoutez l'honneur d'être membre d'une communauté politique, la Vallée d'Ossau, ayant des droits, des privilèges, un passé historique, en un mot, tout ce qui peut enflammer les imaginations et stimuler les amours-propres.

Ainsi étaient détournées, au plus grand profit de la paix sociale, une foule d'ambitions qui, sans cet aliment, eussent été entraînées à troubler l'ordre général de l'Etat.

En résumé, la commune gérait, *elle seule, ses intérêts immédiats;* et, si nous l'entendons se plaindre de ce que l'état des lieux, les ravages causés par les torrents l'obligent à de continuelles et ruineuses prestations, c'est pour obtenir du pouvoir central un allégement à des charges dont nul ne conteste le principe.

Au moins peut-elle se dire *maîtresse chez elle*,

maîtresse de ses biens, de ses travaux, de ses fonctionnaires.

Comparez à ceci l'état de choses actuel. Matériellement, la commune a les mêmes limites. Mais quelle différence ! Qu'est devenue cette vie communale, cette habitude de la vie publique, cet échange de délibérations, grâce auxquels cette infime agglomération pouvait à bon droit revendiquer le titre de LIBRE ?

A la place de l'Assemblée de tous les chefs de maison, nommant, contrôlant, jugeant souverainement les fonctionnaires et leur gestion, vous voyez un Conseil municipal de dix membres, ne s'assemblant que quatre fois l'an, aux jours fixés d'avance par la loi, et dont les décisions n'ont de vigueur qu'à la condition d'être approuvées par l'autorité préfectorale...

Et sur quoi délibère ce Conseil ?

Il n'a le dernier mot ni sur son *école :* on peut l'obliger à construire un palais scolaire ; ni sur son *instituteur :* on le lui impose ; ni sur ses *contributions :* elles lui arrivent toutes réparties sar aucune participation des intéressés ; ni sur se *budget :* le préfet peut le modifier d'office, plus ou en moins ; ni sur ses *chemins :* on classe, on les déclasse, sans être lié par ses avis, etc., etc.

Et, comme compensation, on croit qu'il suffit de remettre à ces pasteurs, qu'on juge incapables de diriger leurs affaires locales et personnelles, le droit d'intervenir, par l'élection législative, dans la direction de la politique générale !...

Est-ce dans l'ordre ? A-t-on réfléchi à l'inconséquence d'une pareille législation ?

Qu'est-ce donc, quand le pouvoir politique, après avoir enlevé à la commune rurale ses fonctions essentielles, entend et fait entendre qu'il ne satisfera les besoins légitimes de la population qu'à titre de *faveur* et autant que l'on se conforses vues ?

llusionne aisément en France sur les conditions de la liberté politique. De conseils et les fonctionnaires municictifs, on est porté à conclure que les s grand nombre reçoivent le maxile satisfaction.

d'erreur plus complète et plus

ine démocratique, trop souvent le pouvoir local n'est ni suffisamment accessible, ni suffisamment indépendant, ses attributions sont trop restreintes, son activité trop enchaînée et trop découragée, pour former le peuple à l'exercice en même temps qu'à l'amour de la liberté.

Aujourd'hui, après un siècle d'institutions représentatives, le rôle de nos Conseils municipaux se borne à élire le maire et les adjoints, à voter des fonds, à prononcer des décisions, à formuler des avis et des vœux. L'administration de la localité leur échappe, dans les matières même où leur compétence est le mieux justifiée et leur intérêt le plus évident.

Et pourquoi? Parce que, malgré nos changements d'étiquette gouvernementale, les différents régimes qui se sont succédés dans notre pays, n'ont fait que continuer, dans certains errements essentiels, l'œuvre du premier Empire et de la monarchie absolue.

« Aujourd'hui encore, comme au temps de nos pères, les autorités centrales et le budget de l'Etat pourvoient à un très grand nombre des intérêts locaux. Les ministres et les préfets expédient journellement, outre les affaires qui ont un caractère de généralité, celles des départements et, dans une certaine mesure, celles des communes.

Ils nomment et révoquent la plupart des employés de ces circonscriptions ; ils contribuent au recrutement de la plupart des commissions charitables, hospitalières et scolaires. Sur presque aucun point du territoire, il ne se peut construire ou se réparer une école, un chemin, une église, sans qu'une décision de ces agents supérieurs intervienne et qu'une allocation soit sollicitée et obtenue (1). »

L'auteur éminent que nous venons de citer met admirablement en relief les inconvénients du système français opposé à la pratique des pays libres, c'est-à-dire au « *Self Government* » local, surveillé et contenu par le pouvoir souverain.

Or, par *pays libres*, entendez tous les peuples constitutionnels des deux mondes, car il n'en est pas un seul, même ceux qui pour nous incarnent d'ordinaire l'idée de régime autocratique, où la commune, la paroisse, le mir, en un mot, le groupe local, ne soit mieux armé qu'en France contre l'ingérence de l'Etat, et où le particulier, grâce à une association plus ou moins active et directe aux affaires municipales, ne puisse acquérir une plus juste notion de ses devoirs civiques.

(1) J. Ferrand : *les Pays libres*, Paris, Pichon, 1884, p. 135.

Ces peuples ont poursuivi et souvent réalisé la solution de ce problème : *séparer les intérêts généraux des intérêts locaux ;* laisser aux représentants de ces derniers beaucoup de latitude et intéresser à la gestion, à la délibération et même à l'exécution des affaires le plus grand nombre possible de citoyens.

Chez nous, au contraire, l'Etat, revendiquant pour lui les moindres détails de l'administration ne peut suffire à cette tâche surhumaine qu'à l'aide d'une bureaucratie exagérée, et la responsabilité universelle qu'il endosse le laisse en butte à toutes les discussions et à tous les mécontentements. N'est-ce pas là le secret de notre instabilité politique ?

On voit donc apparaître ici le grand vice de notre organisation municipale, qui est de n'appeler à la participation du *gouvernement local* qu'un *nombre infime* d'individus *sans responsabilité.*

A Aste-Béon, comme dans les autres communes de la Vallée d'Ossau, la nature du travail a quelque peu remédié à cet inconvénient en sollicitant l'intérêt et le concours d'une partie de la population pour le règlement de certaines questions, comme l'affouage, la cueillette des fougères et la garde des bestiaux.

D'un autre côté, l'institution du *Syndicat* d'Ossau entretient un semblant de vie publique et réalise un pas fait dans la voie de l'établissement de *Conseils cantonaux* qui paraît désirable à beaucoup de bons esprits.

Le *travail* a combattu ici les vices de notre organisation sociale.

Que faut-il en conclure, sinon que la décentralisation administrative ne présente aucun inconvénient *quand elle est adaptée et proportionnée à l'objet propre du travail ?*

Ce qui nous conduit à admettre que, contrairement à notre système administratif qui comprime tous les groupes locaux sous une banale et mécanique unité, sans tenir compte d'aucune de leurs conditions particulières, il y aurait lieu de créer en France, comme dans tous les pays libres, *différents types de Communes,* la commune rurale répugnant absolument à être administrée comme la commune urbaine.

Ce ne serait pas trop demander que d'assurer à la première, en matière de gestion municipale, la même autonomie qu'avant 1789.

On objecte les abus, l'insuffisance de l'éducation administrative. Je réponds que rien de cela n'est à craindre, à condition de *s'en tenir aux intérêts qui naissent réellement du travail*.

Il faudrait d'ailleurs réserver à un groupe supérieur, le *Canton*, la direction des intérêts généraux, police, hygiène, assistance publique, etc, pour lesquels la Commune rurale serait, par sa nature même, insuffisamment préparée.

En 1890, le budget ordinaire de la commune se chiffrait ainsi qu'il suit :

Recettes.	5.333 fr. 73
Dépenses	4.196 94
Soit, un excédent de. . .	1.136 79

Il faut ajouter une ressource supplémentaire variable : le dividende revenant à Aste-Béon, dans les recettes du Syndicat, et qui s'élève pour cette année, à 1.080 *francs* (27 feux à 40 francs l'un).

La principale ressource ordinaire se tire des bacades, taxées à 4 francs pour la commune, et à 8 francs pour les bestiaux étrangers. Les animaux pris à cheptel paient 6 francs par tête.

La Commune entretient quatre gardes champêtres, qu'elle rétribue 180 francs. Le bétail égaré ou en contravention est mis par eux en fourrière, moyennant une amende, chez des propriétaires désignés.

Malgré la réunion officielle des deux localités, il règne entre elles certaines différences dans l'exploitation des biens communaux.

A Béon, l'insuffisance du bois a fait maintenir l'ancienne disposition interdisant aux habitants de faire commerce du bois venu dans les forêts communales non soumises au régime forestier.

La même distinction se retrouve dans la jouissance des hauts pâturages. Bien qu'appartenant en bloc, en propriété et en usufruit, à toute la Commune, ces pâturages ne sont pas fréquentés indifféremment par les pasteurs de Béon et par ceux d'Aste. Ainsi que nous l'avons vu, la Commune jouit, l'été, de deux hautes montagnes, *Peyrelu*, montagne communale, et *Bius*, montagne générale ou syndicale. Autrefois les deux sections tiraient au sort pour savoir laquelle irait à Bius, laquelle à Peyrelu ; de là de fréquentes discussions, la même section pouvant être appelée plus souvent que l'autre à Peyrelu, dont les herbes sont meilleures et plus abondantes que celles de Bius. Il y a six ans, pour tout concilier, on convint que chacune des deux sections passerait alternativement deux ans dans chacune des deux montagnes.

Reste, pour chaque section, à répartir entre ses pasteurs les *cujalas* de la montagne dont elle jouit :

c'est à quoi l'on procède, par la voie du sort, le jour de la Saint-Pierre (29 juin) de chaque année.

On peut remarquer comment, sur des steppes de pentes abruptes nécessairement limitées, le travail en communauté a subi une restriction dans le sens de l'appropriation individuelle : de même que nous avons vu, toujours sous l'influence du lieu, la famille passant de la forme patriarcale simple à une autre forme modifiée : la famille patriarcale réduite à deux ménages.

Dans notre prochain chapitre, nous verrons comment cette société pastorale, dont la vie locale nous est maintenant connue dans ses moindres manifestations, se comporte en face d'un dernier fait : l'*Émigration*. Ce fait, dont nous avons déjà, en passant, signalé l'importance, contient en germe des conséquences bien caractéristiques et dont l'énoncé fournira un dernier et invincible argument en faveur du classement où nous prétendons faire rentrer ces groupes de populations pyrénéennes.

CHAPITRE SEPTIÈME

L'ÉMIGRATION

Lorsque nous avons étudié l'organisation de la propriété dans la Vallée d'Ossau, nous avons pressenti le rôle qu'y joue l'émigration, au point de vue social. Nous avons constaté qu'il y avait dans l'essaimage au dehors d'une partie des membres de la famille, notamment des *cadets*, un élément d'équilibre entre l'abondance de la population et la pauvreté des ressources tirées du travail et du sol.

Ce phénomène mérite d'être étudié en détail dans ses causes et dans ses résultats.

I.

Comme nous l'avons vu, les ressources du pays sont insuffisantes à faire vivre une population nombreuse. Le seul travail possible est le travail pastoral ; or il ne peut y avoir un nombre illimité de pasteurs. Les pâturages de la plaine coûtent cher : quand il y a deux ou trois troupeaux à la maison, c'en est assez.

De tout temps cette nécessité a contraint l'Ossalois, comme l'Auvergnat, comme le Limousin, à chercher au dehors des moyens d'existence.

L'intendant Le Bret relevait encore ce trait de mœurs : au dix-septième siècle, l'habitant de la Vallée louait ses services aux cultivateurs espagnols pour les travaux de la fenaison et de la moisson ; là il récoltait quelque argent et revenait ensuite au village.

Un certain nombre exercent, de temps immémorial, l'industrie de hongreurs. Aujourd'hui encore, beaucoup d'habitants de Bielle et de Bilhères, adonnés à cette profession, émigrent chaque année en Espagne et en Portugal ; ils y restent six ou huit mois, de la fin de février à la Saint-Martin, pendant que les femmes cultivent le domaine et que les autres hommes de la famille s'occupent du troupeau.

Naguère, le nombre de ces émigrants était fort considérable. Les profits qu'ils réalisaient pouvaient aller jusqu'à 2.000 et 3.000 francs. Dans la petite commune de Bilhères, cette industrie a été l'origine d'une aisance plus qu'ordinaire.

Généralement ces émigrants de Bilhères s'organisaient en *associations de bénéfices*. Chacun avait sa région, son quartier, et l'exploitait seul ; mais, au retour, tous les gains étaient mis en commun et formaient une masse que l'on partageait par tête avec la plus grande équité, sans oublier même la part des malades.

C'est depuis quarante-cinq ans, et, pour plus de précision, depuis 1853, qu'à la suite de grandes disettes, le mouvement d'émigration s'accéléra et prit, d'une façon régulière, la direction de l'Amérique du Sud. De 1846 à 1872, le département des Basses-Pyrénées se vit ainsi enlever 64.000 de ses habitants.

Dans les plaines du Béarn et dans le Pays Basque, ce résultat est principalement l'œuvre d'*agences spéciales*, le plus souvent peu scrupuleuses, dont la tâche est malheureusement trop simplifiée par le découragement qu'entretient chez le paysan pyrénéen la crise agricole de ces vingt dernières années.

La plupart de ces pauvres gens se laissent aisément prendre aux magnifiques promesses des agents qui font miroiter à leurs yeux des salaires de 12 et 15 francs par jour, sans ajouter, bien entendu, que, par l'avilissement de l'or, un seul repas d'ouvrier en absorbe les deux tiers.

Pour la Vallée d'Ossau, l'émigration est plutôt due à l'influence de parents ou d'amis déjà fixés à l'étranger et à quelques exemples, rares il est vrai, de montagnards revenus fortune en poche. « Il a fait les Amériques! » c'est le mot qui exprime le plus d'admiration et d'envie.

Quoi qu'il en soit, le chiffre élevé des départs prouve qu'il s'agit d'un fait permanent et non d'un entraînement passager.

Depuis 30 ans, ont quitté Aste-Béon pour la Plata 80 émigrants, — *le sixième de la population,* — presque tous célibataires adultes, hommes et femmes en nombre à peu près égal. Détail à noter : la plupart sont des *cadets*. La proportion des *aînés*, chefs de famille, est minime : 3 sur 20, tout au plus (1).

Gère-Bélesten, autre petite commune du Haut-Ossau (404 habitants), compte actuellement une quinzaine d'habitants en Amérique. De Bilhères (417 habitants), une vingtaine de familles,

---

(1) Voir, à l'appendice C, le mouvement de la population d'Aste-Béon, depuis 45 ans.

comprenant 45 ou 50 individus, ont émigré depuis vingt-cinq ans. De Louvie-Juzon (1.679 habitants), 118 personnes ont émigré en 1888, une centaine en 1889.

De Laruns, le chef-lieu de canton du Haut-Ossau (2.242 habitants), on a vu partir environ 200 individus dans une période de huit années.

Il est remarquable que ce contingent était fourni par des *ouvriers*, c'est-à-dire par l'élément instable et le moins recommandable de la population. Ordinairement ces ouvriers se dirigent vers l'Amérique du Nord, où quelques-uns tentent la fortune de chercheurs d'or, en Californie, avec des salaires qui montent jusqu'à 375 francs par mois. D'autres embrassent différents métiers, notamment celui de blanchisseur.

Mais la grande majorité des émigrants, ceux qui sortent des familles paysannes, vont à la République Argentine.

Et quel métier exercent-ils ?

— Celui de *Pasteurs*.

Le fait est tellement universel qu'il a l'importance d'une loi. Dans le reste du département, on a vu plus d'une fois partir pour l'Amérique des jeunes gens qui, là-bas, se sont adonnés aux professions commerciales, y ont réussi et sont revenus avec de sérieux profits. Quant à l'Ossalois, partout et toujours, il a été et n'a été que pasteur.

Le fait mérite attention.

Supposez nos émigrants issus de véritables *familles-souches*. Nous savons que cette formation développe de bonne heure chez les individus la spontanéité et l'habitude de ne compter que sur soi, le besoin de s'implanter dans le pays pour l'exploiter dans tous les ordres de faits et de services utiles, de se créer par ses propres forces un foyer à soi, un domaine à soi, que l'on transmettra intact aux descendants ; en un mot, l'*aptitude à faire souche dans les régions neuves*.

Cette expansion organisée et définitive est tellement la caractéristique de la véritable famille-souche, que son absence suffirait à classer dans un type différent une famille qui présenterait par ailleurs tous les traits de la famille-souche.

Mais il serait vraiment étonnant que les rejetons de la famille Ossaloise pratiquassent l'émigration de la même manière que les colons dont nous venons de parler.

Dès le premier âge, la vie pastorale a pris l'Ossalois, le façonnant au travail le plus routinier qui se puisse concevoir. Jamais il n'a fait, ni essayé de faire autre chose que conduire et exploiter des troupeaux. L'organisation sociale, — travail, propriété, famille, — où, tout jeune, il s'est trouvé engrené, est toute pénétrée de l'esprit communautaire : tout y est classé, prévu d'avance, tout y diminue l'importance de l'initiative individuelle, tout y encourage chez le jeune homme l'habitude de *compter sur autrui*, et, dans une certaine mesure, l'antipathie pour les travaux pénibles comme ceux de l'agriculture. De plus, l'industrie à laquelle il se livre en France est peu rémunératrice ; il ne dispose d'aucun capital qui lui ouvre le champ des grandes entreprises.

L'Ossalois n'émigrera donc pas, comme l'Anglo-Saxon, pour se créer, à l'aide de défrichements opiniâtres, un domaine rural, et pour y entreprendre cette austère culture de la terre, faite, là-bas comme ici, d'efforts accumulés et de longue prévoyance.

Évidemment, s'il peut éviter d'en venir à cette extrémité, il ne demandera pas mieux...

Mais remarquez que nous ne faisons là qu'expliquer d'avance le fait tel qu'il se manifeste chaque jour sous nos yeux. Voyons, en effet, ce que deviennent nos Ossalois à La Plata.

II.

On arrive à Montévidéo, à Buenos-Ayres. Il faut choisir : où va-t-on se fixer, ville ou campagne ?

Le choix est vite fait ; quelques-uns demeurent à la ville, ou plutôt dans la banlieue, achètent quelques vaches et vendent du lait, du beurre, ou du fromage, trafic qui ne laisse pas d'être assez avantageux.

D'Aste-Béon, 10 émigrants sur 80 se sont fixés dans les villes, de cette manière. Un seul, l'un des trois frères L... que nous connaissons, s'est pourvu d'un petit fonds de mercerie, librairie, épicerie, et a ouvert un magasin qu'entretient surtout la clientèle de ses compatriotes.

En dehors de cette minorité vouée au très petit commerce et surtout à *l'exploitation du lait*, la très grande majorité s'adonne à l'industrie pastorale et, — veuillez retenir ce point, — à *l'élevage des brebis*.

Ou bien ils se placent comme bergers chez un propriétaire.

Ou bien, propriétaires eux-mêmes *d'un troupeau*, ils afferment de vastes espaces pour en utiliser l'herbe.

Le souci sera donc le troupeau, dont la *laine* a, pendant quelques années, constitué le plus fructueux des produits. On se préoccupera bien plus d'accroître le troupeau que d'acquérir un fonds de terre. L'herbe épuisée dans un endroit, on ira chercher ailleurs, comme dans les pacages d'hiver des plaines de France.

Très peu d'Ossalois sont, en effet, propriétaires de fonds de terre. S'ils le peuvent, ils se rapprocheront autant que possible et l'on en verra plusieurs s'associer pour affermer ensemble plusieurs lieues de pampa. L'association sera même la forme préférée. Nous en trouvons un exemple dans la famille L...

Un des rares Ossalois devenus propriétaires fonciers est un certain M..., de Béon. Ce personnage, qui nourrit près de 8.000 brebis sur les terres qu'il s'est réservées, loue le reste de ses pâturages à des gens d'Aste-Béon dont il perçoit de ce chef 10.000 francs de fermages.

Depuis quelques années, il s'est associé Jeandot L... pour l'exploitation d'un troupeau de 1.500 têtes. Celui-ci touche un tiers du croît et des profits.

Ce travail est, comme on le voit, frappé à

l'effigie de celui qui occupait les émigrants dans la vallée paternelle.

La principale industrie, c'est toujours le troupeau. Ceux qui afferment des herbages cultivent bien parfois quelques céréales, mais seulement pour la consommation du personnel. *Nul ne fait, à proprement parler, de l'agriculture.*

On cite un habitant d'Aste-Béon, H..., qui, ayant perdu beaucoup de bétail à la suite d'une épizootie, s'est débarrassé du surplus pour éviter la ruine complète et se livre aujourd'hui à la culture. Mais il n'a pas fallu moins que la contrainte d'une telle nécessité pour l'attacher à un travail différent.

Pendant ce temps, que deviennent les filles, celles qui émigrent ?

En général, ne pouvant s'employer à l'exploitation du bétail, elles se placent en ville comme *domestiques* dans les familles bourgeoises. Il ne faut pas oublier que la République Argentine est depuis quarante ans, peuplée par des émigrants des Basses-Pyrénées, parmi lesquels l'élément béarnais figure dans la proportion de 33,31 %. La parenté de l'idiome facilite d'ailleurs l'acclimatation.

Les filles n'iront à la campagne que si elles y ont des frères ou parents et si le mariage les y attire.

L'Ossalois se marie toujours de préférence avec ses compatriotes, qu'il connaît et dont il est connu. Quant aux enfants, on les élève en vue d'exercer la même profession ; et, en cas de mort, la possession du troupeau se réglera *d'après la coutume ossaloise*, avec avantage au profit de l'aîné.

III.

Dans le pays où nous les avons vus se fixer pour un temps, les groupes ossalois se juxtaposent à la population indigène plutôt qu'ils ne se fondent avec elle. Ne cherchez pas là le fait d'une race supérieure s'implantant en pays étranger avec l'intention conquérante, y passant, à force de persévérance, de la situation de minorité à celle de majorité, et finalement y devenant maîtresse du sol, des mœurs et du gouvernement.

L'Ossalois émigré n'a pas de ces ambitions et son regard demeurera toujours fixé de l'autre côté de l'Atlantique.

Lorsque les célibataires ont réalisé quelques gains, il leur faut commencer par rembourser les avances que leur ont faites la famille et les agences de navigation. D'ordinaire également on les voit apporter une contribution aux charges de la famille restée en France, soit pour payer les dettes, soit pour doter les filles. On se rappelle comment se comportèrent les cadets L... à l'égard de leur sœur.

Presque jamais l'émigrant ne manquera de se tenir en communication avec le pays natal.

Il y a quelques années, l'église de Saint-Jean d'Aste fut entièrement reconstruite avec les offrandes des fidèles. Parmi les dons, il en vint beaucoup d'Amérique, où plus d'un cœur battait au souvenir de la vieille paroisse ; quelques-uns donnèrent jusqu'à 600 et 800 francs, et même davantage.

Tout cela se relie à l'observation du fait qui caractérise suffisamment cette émigration ossaloise : *l'esprit de retour*.

L'Ossalois émigre, *non pour coloniser*, mais *pour faire fortune et revenir ensuite au pays*. Revenir riche, acheter un coin de terre pour y faire bâtir une de ces maisons qu'on désigne de loin en loin au visiteur comme la maison d'un *Américain*, et finir ses jours dans une aisance relative : voilà le rêve. Souvent le chef de famille revient, laissant là-bas un ou plusieurs enfants pour continuer l'exploitation.

En somme, nos montagnards ne se fixent à l'étranger que *malgré eux*.

Il faut ajouter que si un retour fortuné au pays est l'ambition commune, cette ambition est plus souvent déçue que réalisée.

C'est le petit nombre qui fait fortune en Amérique. Pendant quelque temps, les pasteurs émigrants, servis par leur expérience de l'élevage des brebis, ont fait des recettes colossales. Puis, sont venues des épidémies successives, la concurrence désastreuse des laines d'Australie; les pertes se sont accumulées, sensiblement aggravées par la crise financière qui sévit à La Plata et qui rend à peu près impossibles le change de l'or et les envois de numéraire en France (1). A l'heure qu'il est, l'Eldorado s'est évanoui. Trop souvent il arrive qu'après quelques mois de lutte contre la misère, l'émigrant, appauvri et découragé, s'estime heureux d'être rapatrié aux frais de nos consuls et de regagner sa chère vallée, où il apporte, avec ses illusions perdues, un cœur aigri, une foi et des mœurs altérées.

(1) Change de l'or à Buenos-Ayres, le 15 janvier 1894 : 338 pour cent.

Dans ces conditions, l'émigration ne peut, à vrai dire, être considérée comme *l'expansion de la race*. C'est, plus exactement, un moyen accessoire et artificiel de subsistance pour une population nécessairement pauvre. *Elle est sans résultat appréciable au point de vue de la colonisation.*

Les principaux traits qui la distinguent sont d'être : 1° une émigration *pauvre* ; — 2° une émigration *par groupes* ; — 3° une émigration *faite avec esprit de retour.*

Déjà ces trois caractères ont été relevés à propos de l'émigration fournie par la Bretagne, pays de formation si nettement communautaire (1) ; et, quand nous aurons ajouté, comme dernière touche à ce portrait, *la conservation obstinée et irréductible de la profession pastorale*, le lecteur se rendra certainement à la conclusion où cette étude a voulu l'amener.

Il est impossible de ranger dans le type si nettement tranché de la famille-souche ces populations pyrénéennes, qui en diffèrent tant par leurs tendances et leurs allures. Il leur faut un nouveau cadre, celui qui, dans le progrès récent de la

---

(1) *L'émigration bretonne à Paris et aux environs*, article de M. J. Lemoine dans la *Science sociale*, juillet 1892.

Science sociale, leur a été fait sous le titre de *Familles quasi patriarcales* ou *Fausses Familles-souches* (1).

Quand on connaîtra mieux cette variété sociale, bien des faits, d'une importance majeure dans l'histoire des races humaines, trouveront leur explication, jusqu'ici différée.

En attendant cette complète lumière, l'expérience peut être tentée sur un point limité. Nous allons donc rechercher si nos conclusions acquises ne nous donnent point la clef de plus d'une question intéressant les origines de la Vallée d'Ossau.

C'est un terrain presque entièrement neuf, mais où la Science sociale permet de s'aventurer avec sécurité.

(1) La *Science sociale*, t. XV, janvier 1893, et t. XVII, janvier 1894.

CHAPITRE HUITIÈME

L'HISTOIRE DE LA RACE

Avant d'entrer dans quelques considérations sur le développement historique de la vallée d'Ossau, il est bon de prévenir le lecteur qu'il ne s'attende pas à trouver ici un grand appareil d'érudition. Faire de l'érudition n'est pas une tâche très difficile, mais ne mène guère le lecteur à une solution appréciable, s'il veut connaître la raison intime de la manière de vivre d'un peuple, de ses mœurs, de son labeur, de ses progrès, en un mot de ce qui constitue le véritable intérêt de l'histoire.

Je ne retiendrai donc des faits et des textes que ce qu'il en faut pour éclairer ma thèse, où j'essaierai de montrer comment la simple notion du *travail*, telle qu'elle nous est apparue dans les pages précédentes, suffit à expliquer les trois caractères fondamentaux que révèle l'étude rapide du passé de la Vallée : *l'unité puissante de la race,* — sa *constitution démocratique,* — son *indépendance politique.*

I

D'après le dernier état des connaissances historiques, on s'accorde à regarder comme appartenant à la grande famille des *Ibères* les populations groupées dans la Gaule méridionale, entre la Garonne et les Pyrénées, et que les Romains désignèrent sous le nom générique d'Aquitains. Nul doute également que les Ibères ne fussent de même origine que les premiers occupants de la Péninsule hispanique, destinés à former, avec les Celtes venus du nord, le composé des *Celtibériens.*

D'où venaient ces Ibères ? Ici la science se récuse : ni l'ethnologie, ni la linguistique ne retrouvent la trace de leur passage en Europe.

A la vérité, la chose eût été difficile, car tout concourt à démontrer que ces populations, originaires de l'Afrique, ont remonté du midi au nord, dans des conditions dont il est possible de se rendre compte.

Lorsque les tribus de Pasteurs descendues de l'Arabie et des hauts plateaux asiatiques eurent envahi cette région presque illimitée des déserts du nord africain, les exigences du sol, plus fortes que toutes les conventions humaines, opérèrent une sélection immédiate entre les nomades, au point de vue de l'instrument de travail. Le troupeau se subdivisa et l'on vit, suivant la nature et les productions du terrain, les envahisseurs se répartir tout naturellement en plusieurs zones parallèles occupant toute la largeur du continent et caractérisées par le cheval, le chameau, la chèvre ou le bœuf. Cette modification des peuples, suivant la nature du lieu qu'ils envahissent, est la loi de toute occupation, loi féconde en conséquences sociales, au point de vue du travail, de la propriété et de la famille (1).

Mais, à force de marcher vers l'ouest, ces émigrants, — les Berbères pour les appeler par leur nom, — se heurtèrent à l'Océan. Là, s'offrait d'elle-même la ressource de franchir l'étroite passe de Gibraltar pour prendre pied sur la terre européenne.

Les premières stations des tribus furent les plai-

---

(1) M. de Préville a parfaitement décrit cette évolution dans ses articles sur le *Continent africain* parus dans la *Science sociale*, tome IV.

nes avoisinant les rivages. C'est là que vinrent successivement les atteindre plusieurs invasions d'origine européenne, Phéniciens, Pélasges, Celtes, Romains, devant lesquelles, refoulées et impuissantes, elles se réfugièrent dans les massifs montagneux qui constituent la moitié au moins de la Péninsule. Ainsi les montagnes ont-elles été, à toutes les époques de l'histoire, l'asile et la réserve des races vaincues (1).

Dans cet exode semé de périls, le troupeau s'est modifié. Le chameau a d'abord été laissé au désert. A mesure que l'on s'éloignait des plaines, le cheval est devenu moins utile et plus rare ; seule,

---

(1) « Les plus anciens occupants de l'Espagne aux âges historiques, les Ibères, chassés autrefois du rivage par les Phéniciens, refoulés des plaines sur les hauteurs par les Ligures et les Celtes, plus tard enfin décimés par les légions, ont vécu tant bien que mal dans les hautes terres, sur ce vaste plateau central d'où rayonnent les *Sierras*, et d'où s'épandent les cinq grands fleuves dont les Romains ont fini par emprisonner le cours et les sources dans leurs provinces... C'est donc dans les terres élevées et sur les deux versants des Pyrénées qu'a végété, avec une secrète force de vitalité, cette ancienne race Ibérienne dont nous retrouvons, à l'époque de César, les descendants nettement caractérisés chez les historiens, sur les monuments de pierre et dans la langue euskarienne, si originale et si persistante. » Desjardins, *Géographie de la Gaule romaine*, t. II, p. 382.

la *brebis* a résisté et trouvé sa subsistance sur les herbes maigres des pentes abruptes.

En abandonnant les plaines aux conquérants, agriculteurs, commerçants, ou militaires, et en se cantonnant sur les pentes et les plateaux des sierras, les populations pastorales trouvaient, avec la sécurité, les conditions les plus favorables pour exercer sans contrainte leur travail traditionnel. Il ne faut donc pas s'étonner que la forme patriarcale originaire ait pu, grâce au préservatif de la montagne, traverser les siècles, et qu'elle se révèle encore aujourd'hui à l'observateur par tant d'indéniables caractères.

Mais les hautes vallées pyrénéennes, largement ouvertes du côté de la plaine du nord, offrant au sud quelques passages, ne pouvaient demeurer absolument inviolables. Plusieurs grandes invasions les visitèrent, parmi lesquelles nous mentionnerons celles des Romains (de 56 av. J.-C. à 409 ap. J.-C.), — des Wisigoths (409 ap. J.-C.), — des Francs (507), — des Sarrasins (721, 750), — et des Normands (820).

Chacune apporta son contingent de troubles et de modifications politiques. L'occupation romaine surtout, dans un long espace de quatre siècles et demi, imposa pour toujours et son organisation administrative dont les traces sont encore visibles, et son langage qui finit par détrôner, dans ces régions, l'antique langue euskarienne, jadis maîtresse de tout le sud-ouest, entre les Pyrénées, l'Adour et l'Océan (1).

Mais voyez la puissance du travail! Extérieurement les formes changent; au fond le travail demeure le même, invariablement imposé par le lieu, avec toutes ses conséquences sociales.

Une circonstance rend plus sensible cette vérité.

Pendant que s'opéraient les migrations que nous racontons, d'autres branches de la famille Ibérienne, refoulées dans l'angle nord-ouest de la presqu'île cantabrique, se ramassèrent, firent tête et résistèrent à tout effort d'assimilation, pour former cette race basque, encore distincte aujourd'hui par les mœurs et par la langue.

Tandis que les montagnards du centre pyrénéen demeuraient aux prises avec l'*herbe* et conservaient leur formation patriarcale, voilà que les Basques se heurtaient à un agent nouveau, *la mer*; que, par un phénomène dont nous

---

(1) Ce dernier fait est clairement établi par l'observation toponymique : E. Desjardins, *Géographie de la Gaule Romaine*, t. II, p. 386. — Luchaire, *De lingua aquitana*, Paris, 1877.

essaierons peut-être quelque jour de rendre compte, la mer opérait sur ces pasteurs une transformation plus rapprochée de la famille-souche, et que se créait, sur les côtes de Gascogne, un type plus énergique et plus entreprenant. Quelques lieues à peine séparent du pays basque nos vallées béarnaises, et cependant les deux régions présentent les différences les plus caractéristiques.

On a pu s'étonner de nous voir trancher avec tant d'assurance une question aussi délicate que l'origine des races pyrénéennes. Un coup d'œil jeté sur la vieille coutume familiale de ces contrées va faire ressortir la vraisemblance de ces conclusions.

En étudiant le très ancien droit pyrénéen, on est frappé de voir se détacher un trait fondamental et distinctif : *l'égalité des sexes au point de vue de la primogéniture héréditaire et des conventions matrimoniales* (1).

Or, s'il est une vérité établie, c'est que, partout ailleurs et dans toute l'antiquité classique, le principe contraire avait prévalu.

---

(1) E. Cordier, *le Droit de famille aux Pyrénées*; Paris, Durand, 1859.

Toutes les législations européennes tendaient à rabaisser la condition légale de la femme.

Chez les anciens Germains, la femme ne pouvait prétendre qu'à la dot fournie par le mari, ou, pour mieux dire, le prix payé à la famille de la femme, et au *morgengabe* ou présent du matin. Les mâles seuls succédaient, comme conséquence du droit de l'épée (1).

Les principes sur la transmission héréditaire ont plus d'une fois varié, mais dans aucune législation on ne voit apparaître de privilège en faveur des femmes : au contraire. Dans le dernier état du droit romain, les successions se partageaient par tête, entre tous les enfants sans distinction de sexe.

Plus tard, le droit féodal proclama le droit d'aînesse, mais *au profit des mâles seulement*.

Seul le droit pyrénéen posait en principe qu'en matière successorale, l'aîné, FILS OU FILLE, succédait à tous les biens, propres ou acquêts, de souche ou avitins.

Mais il y a plus. Le très ancien droit ne se contentait pas de proclamer « l'aptitude égale de la femme à représenter, conduire et perpétuer la

---

(1) Fustel de Coulanges, *Recherches sur quelques problèmes d'histoire;* Paris, Hachette, 1885, p. 225.

famille », il lui reconnaissait *la préférence sur l'homme* à deux points de vue: *en attribuant l'héritage à la fille aînée à l'exclusion du fils;* — et en faisant de *l'héritière* qui épousait un cadet le véritable « seigneur de la dot ».

C'était, on peut le dire, le renversement de toutes les doctrines juridiques alors reçues. La situation de la femme était donc absolument exceptionnelle, et l'on comprend avec quel étonnement les historiens ou voyageurs, mis en présence de cette constitution familiale, durent envisager des coutumes si nouvelles pour eux (1).

---

(1) C'est le cas de rappeler le texte souvent cité de Strabon : « Chez eux (les Cantabres), ce sont les maris qui portent « une dot à leurs femmes, et ce sont les filles qui héritent « de leurs parents et qui se chargent d'établir leurs frères. « De pareils usages annoncent le pouvoir dont le sexe y jouit, « ce qui n'est guère un signe de civilisation. » (Strabon, liv. III, 4.) — Plutarque rapporte un trait bien caractéristique de ce pouvoir. Annibal ayant à traverser les Pyrénées avec ses soldats, lors de son expédition en Italie, dut se soumettre aux conditions que lui firent les montagnards. Or voici l'une de ces clauses : « Les plaintes des indigènes contre « les Carthaginois seront portées soit devant Annibal, soit « devant ses lieutenants en Espagne ; mais les réclamations « des Carthaginois contre les indigènes seront *jugées sans* « *appel par les femmes de ces derniers.* » (Plutarque, *De virtute mulierum.*)

Cette extraordinaire importance du rôle social de la femme pyrénéenne, voilà, certes, un fait unique, auquel on a prêté peu d'attention, mais d'ailleurs facilement explicable.

Il est très remarquable que ces singuliers privilèges de la femme se retrouvent dans le droit primitif des peuples berbères, ancêtres incontestables de nos montagnards, et dont plusieurs groupes très importants et très caractérisés occupent encore, en Afrique, la zone des pasteurs chameliers. Chez ces peuples, loin d'être tenue dans une humiliante sujétion comme la femme arabe ou kabyle des régions voisines de la mer, la femme est vraiment le centre et l'âme de la famille, et toute la coutume privée y repose sur les traditions du *matriarcat*.

Les Touareg du Nord-Sahara en offrent un exemple frappant. A la mort du chef de famille, quelle que soit sa condition, on fait deux parts de sa fortune : l'une, les « biens de justice », acquis par le labeur, est partagée également entre tous les enfants, fils ou filles ; l'autre, les « biens d'injustice », conquis les armes à la main, est attribuée en entier *au fils de la sœur aînée*, à l'exclusion de la descendance directe. « Ainsi se maintient la puissance des grandes familles. » Quant aux territoires conquis par les tribus, ils sont donnés aux dames douairières de la noblesse (1).

Les mêmes traits se relèvent chez les Bedja du Soudan éthiopien. « C'est aux femmes qu'appartient réellement la supériorité par l'amour du travail, la fierté, la conscience de la parole donnée... Le rôle de la femme dans la société Bedja rappelle évidemment un régime matriarcal (2). »

Les conditions du travail expliquent parfaitement cette répartition des rôles dans la famille. Le nomade des déserts étant entraîné au loin par le commerce, l'industrie des transports et le pillage, qui constituent ses moyens d'existence, c'est à la femme restée au camp que revient, comme souvent à celle du pêcheur, la plus grande part dans l'administration de la famille, l'éducation des enfants, la surveillance du personnel. Le douar, l'oasis est sous sa responsabilité, en raison de laquelle croît nécessairement son influence (3). Aussi les auteurs arabes, du dixième au quinzième

---

(1) E. Reclus, *Géographie universelle*, t. XI, p. 840.

(2) E. Reclus, t. X. p. 371.

(3) Voir le développement de ces causes dans l'étude de M. de Préville : « Le continent africain. » La *Science sociale*, t. IV. p. 79.

siècle, rapportent-ils que les Berbères comptaient leurs généalogies du côté des femmes (1).

Ne saisit-on pas maintenant comment de pareilles causes ont dû agir sur l'évolution sociale de nos Pyrénéens?

En passant en Europe, les Berbères ou, si l'on veut, les Ibères conservent ce droit matriarcal, qui fut le droit des Pyrénées *tant qu'ils demeurèrent à moitié nomades et instables*, ne se servant des hautes vallées que comme de lieux momentanés d'asile.

Ces hautes vallées, c'est presque l'ancien douar, où la prépondérance appartient à la femme.

Plus tard, les invasions refoulent de plus en plus les pasteurs. De nomades, ils deviennent sédentaires. Les longues expéditions sont rendues plus rares. L'atelier de travail se resserre ; l'homme est plus souvent au foyer. Que va-t-il en résulter ? — *l'égalité de droits* entre l'homme et la femme.

Néanmoins l'ancienne idée matriarcale subsiste et se manifeste par la préférence donnée, encore aujourd'hui, à la femme en matière héréditaire,

---

(1) E. Reclus, *Géographie universelle*, t. x. p. 371.

dans la vallée de Barèges et dans le pays basque (1).

Dans notre région béarnaise, il est hors de doute que, pendant très longtemps, deux législations différentes régirent les transmissions successorales. Tandis que les biens *nobles*, subissant l'influence des lois féodales, étaient dévolus exclusivement à l'aîné *des mâles*, les biens *roturiers* demeuraient soumis au vieux droit pyrénéen, qui attribuait l'héritage à l'aîné, *quel que fût le sexe*.

Mais voici qu'au seizième siècle se produit un fait nouveau. Jusqu'alors le Béarn était un pays *exclusivement pastoral*, entièrement couvert de bois parsemés de clairières où paissaient les troupeaux.

Le roi de Navarre Henri Ier, voulant initier son peuple aux avantages de l'agriculture, appela des laboureurs de Bretagne et de Saintonge et leur donna des terres à défricher (2). L'exemple du souverain aidant, l'agriculture prit bien vite des développements considérables.

---

(1) Pour la vallée de Barèges, consulter : Cordier, *le Droit de famille*, etc. ; Le Play, *l'Organisation de la famille*. — Pour le pays basque, voir l'étude publiée par M. Etcheverry dans la *Réforme sociale* des 1er et 15 mars 1885 : *La situation des familles dans un village du pays basque français*.

(2) Faget de Baure, *Essais historiques sur le Béarn*, IV, II.

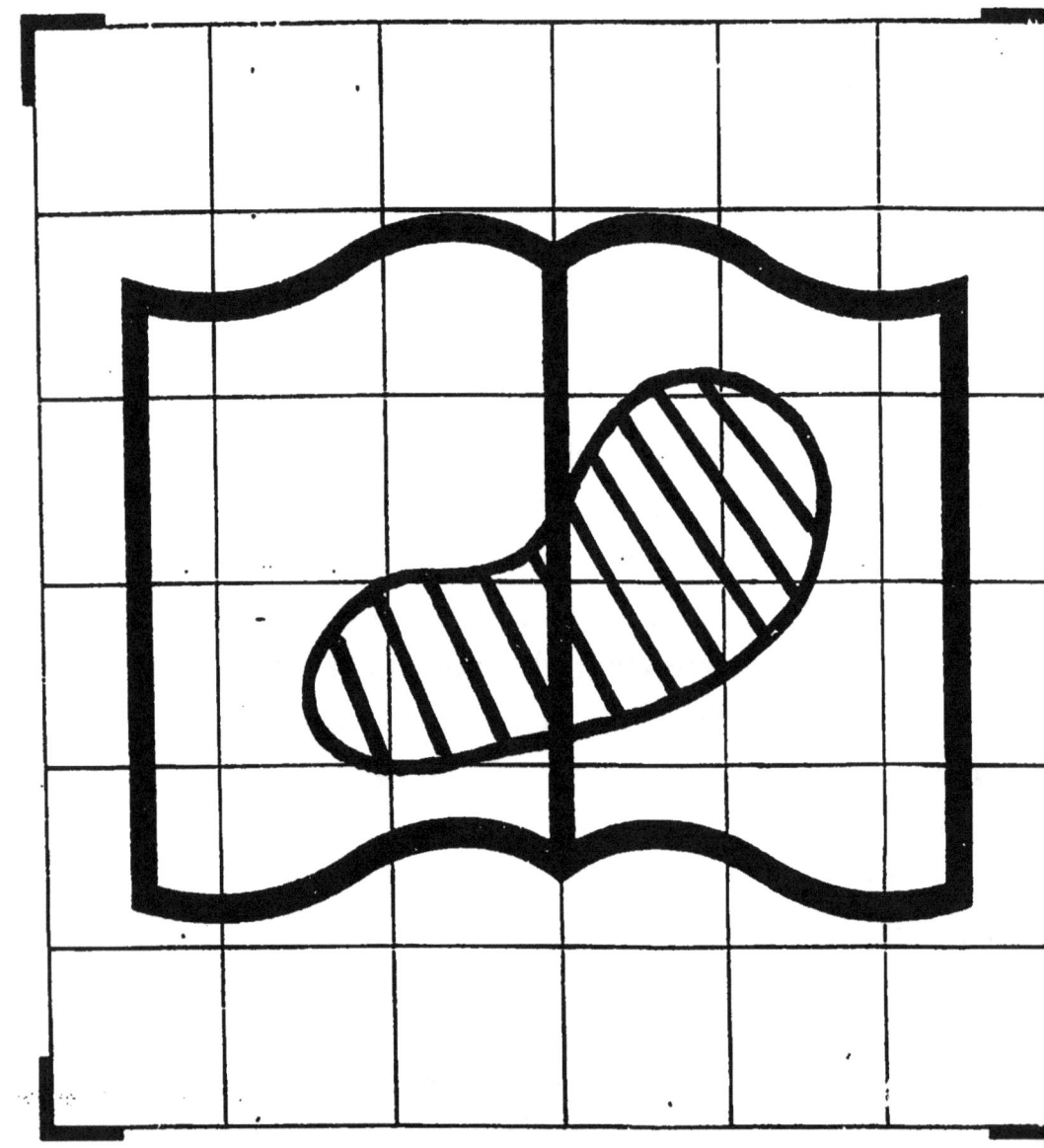

Le travail d'un peuple ne se modifie pas impunément du jour au lendemain. A cette transformation correspond, en effet, une transformation de la coutume héréditaire. Désormais la culture substituée à l'art pastoral exige la présence de l'homme, c'est-à-dire une plus grande participation à la direction du travail ; son action, d'accessoire, se fait prépondérante. Il est donc naturel qu'il devienne l'héritier indiqué et préféré de l'installation sédentaire de la famille.

Ainsi en est-il. *Le For réformé*, promulgué en 1551 par Henri II, *étend aux successions rurales et roturières la règle qui préside à la transmission des successions nobles*. Désormais, pour ces biens, le mâle sera préféré aux filles (1). C'est le régime qui s'est perpétué jusqu'à nos jours dans la plus

---

(1) For réformé, rubrique XLIII, *Des Successsions*, art. III : « En biens nobles, le premier fils mâle, ou s'il n'y a mâle, la première fille exclut ses autres frères et sœurs du même mariage ou autres, et succède universellement, car, en Béarn, bien noble ne se divise, sauf la légitime des cadets.

« *Et le semblable sera gardé et observé en biens ruraux*, sans néanmoins comprendre, en le présent article, les premières filles déjà mariées ez maisons de leurs père et mère ; *pour les enfants d'icelles descendants, ils succéderont le mâle excluant la femelle comme cy dessus est dit.* »

grande partie du Béarn et spécialement dans la Vallée d'Ossau (1).

Faisons observer, d'ailleurs, que le nouveau *For* exceptait de ces dispositions « *les filles aînées déjà mariées dans les maisons de leurs pères et mères* » et ne faisait porter l'obligation que sur la génération suivante ; rendant ainsi hommage à l'autorité et à l'antiquité de la coutume, dont la persistance est comme le fil qui rattache les communautés pastorales des Pyrénées aux peuples oubliés du grand Désert (2).

(1) Cette préférence donnée aux mâles s'exprime parfois d'une façon assez inattendue. C'est ainsi que, dans son testament, Jean Médon, de Béon, expose qu'il laisse « *trois* ENFANTS *et deux filles* » (2 sept. 1672. Arch. dép. *Minutes des notaires du Vic du milieu d'Ossau*, E. 1883.) Cette façon de parler se retrouve à chaque instant dans les actes des deux derniers siècles. — Toutefois la vieille coutume a dû plus d'une fois protester contre la nouvelle législation. Nous voyons, dans un testament du 15 septembre 1663, Anne Borie, d'Aste, instituer pour héritière l'aînée de ses trois filles, et à son défaut les deux autres, et ne léguer à son fils Jean, dernier-né, que « la somme de dix écus » (Arch. dép. *loc. cit.* E. 1883 bis).

(2) Nos conclusions semblent contredites par celles que formule M. Jean Passy, archiviste paléographe, dans une thèse fort ingénieuse et bien documentée où il traite de *l'Origine des Ossalois*. En l'absence de textes écrits, l'auteur a recours à la dialectologie comparée pour établir que la Vallée

II.

Nous en savons assez maintenant pour conclure que l'organisation sociale d'un peuple tel que celui qui nous occupe ne pouvait être que *démocratique*.

Le travail pastoral a pour conséquence directe

---

d'Ossau a dû être peuplée par une immigration en masse des habitants de *Beneharnum* (actuellement Lescar), chassés au neuvième siècle par l'invasion normande. La présence dans le dialecte ossalois de *certaines formes* très caractéristiques rattache ce dialecte à celui de la région indiquée et le distingue du langage parlé dans les vallées immédiatement contiguës : ne faut-il pas supposer l'identité originelle des populations qui parlent la même langue ? Nous ferons remarquer que cette thèse laisse la nôtre debout, puisqu'elle ne tranche en aucune façon la question du peuplement *primitif* de la vallée. Il en résulterait seulement qu'à une date un peu indécise du moyen âge, un afflux de population a pu venir se superposer à une couche de population plus ancienne. En tous cas, les nouveaux venus, pasteurs eux-mêmes, n'auront pas tardé à être saisis par les influences du lieu et du travail et identifiés, *sauf le langage*, aux premiers occupants, tout en gardant certaines formes particulières de langage. Il est possible que l'observation anthropologique trouve à redire à l'hypothèse de M. Jean Passy, car à première vue, une grande distance paraît séparer l'Ossalois aux formes souvent athlétiques, à la démarche hautaine, du Béarnais de la plaine, généralement petit, nerveux et aux allures légèrement cauteleuses.

l'*absence de classe dirigeante* (1). Les pasteurs ne peuvent être que de *petites gens*. Aussi, dès le principe, les chefs de famille suffisent-ils à la gestion de leurs intérêts, et la vallée d'Ossau offre-t-elle le spectacle de petits groupes spontanément constitués en communauté, s'administrant eux mêmes, et dont les habitants se qualifient pompeusement de « senhors ».

Le régime féodal lui-même n'a pu entamer que superficiellement cet état de choses. Ici, la *commune* n'a pas été, comme dans le nord de la France, le fruit d'une réaction des villes contre les campagnes (2). Suivant toute vraisemblance,

---

(1) Une abbaye de Bénédictins avait été fondée, à Bielle, au neuvième siècle. Mais on ne voit pas qu'elle ait exercé d'influence sociale. « Les Bénédictins de Bielle n'ont laissé aucune trace bien marquée dans les chroniques locales. » *Chronique du diocèse et du pays d'Oloron*, par l'abbé Menjoulet, t. I. p. 495. — C'est qu'ici, pas plus que dans d'autres pays de montagne, les religieux n'avaient à exercer de véritable patronage, comme dans les régions agricoles de Gaule ou de Germanie. Ici le monastère n'avait d'importance que comme hôtellerie à l'usage des pèlerins ou croisés appelés de France en Espagne. Les hospices (*espitaus*) de ce genre sont nombreux dans les Pyrénées : témoin celui de Gabas, sur la route des Eaux-Chaudes au pic d'Ossau.

(2) *Science sociale*, t. X. juillet, août, septembre 1890. Nous regrettons de ne pouvoir ici qu'indiquer par leur date les

la commune ossaloise existait la première. A-t-elle emprunté quelque chose aux municipes romains ? C'est possible; mais la question est de peu d'importance, la commune ayant été imposée de bonne heure par le besoin de réglementer des intérêts nécessairement communs et de défendre un territoire de pâturages relativement borné.

Comment supposer un antagonisme quelconque entre la ville et la campagne ? C'étaient les mêmes hommes qui vivaient au bourg et au dehors. Le pâturage et les champs cultivés n'étaient que les deux centres, les deux ateliers du même travail. Il n'y avait donc place, en Ossau, pour aucun autre régime que celui d'associations de propriétaires égaux. L'étude précédemment faite de la propriété dans la vallée nous a, du reste, appris pourquoi la constitution de grands domaines y est impossible, aujourd'hui comme il y a dix siècles.

Aussi le véritable caractère de la féodalité fut-il, dans cette région, plutôt celui d'une défense militaire que d'un service foncier. Les chefs paraissaient les protecteurs de petites républiques plutôt

articles où M. Demolins éclaire d'un jour si lumineux et si nouveau l'histoire de ce mouvement communal au moyen-âge.

que des seigneurs féodaux. A côté du gentilhomme qui habite son château, ordinairement des plus modestes, la communauté vit, se gouverne, nomme ses magistrats, perçoit ses impôts : on dirait deux puissances coexistantes.

Il est évident que les seigneurs durent faire de bonne heure tous leurs efforts pour transformer leur situation et devenir réellement les maîtres. Telle est la pente du cœur humain. On en voit, dans les *dénombrements* annuels, qui réclament des droits dont certains ont pu faire croire à la pratique des plus révoltants abus (1). Mais toujours les

(1) On a beaucoup exploité l'exemple de ce châtelain de Louvie-Soubiron, en Ossau, qui, dans un dénombrement fameux, faisait figurer au nombre de ses privilèges ce qu'on est convenu d'appeler le « droit du seigneur ». Mais on oublie d'ajouter que ces prétentions par trop désordonnées avaient été sévèrement réprimées par les vérificateurs du Parlement de Navarre. On lit en effet à la suite de ce dénombrement du 27 juillet 1538 : « Les procureurs généraux ont vu le présent dénombrement, et autant que le dénombrant dit qu'il a sur ses soumis droit de grillons, fers et prisons ; qu'il lui est dû serment de fidélité aux lieux de Listo et Lobier-Soubiron en la val d'Ossau, qu'il a droit d'imposer et exiger toutes amendes et peines, *services personnels* de servitudes, autres tributs et subsides sur la personne de ses soumis, déclarent qu'à l'égard de ces droits *prétendus* et autres appartenant à la haute justice et seigneurie souveraine, *ils ne donnent ni consentement ni assentiment* à ce que le dénombrant

communautés protestent avec énergie et se refusent à accorder aux redevances payées d'autre valeur que le caractère honorifique (1).

La *Déclaration* dressée, le 5 mai 1681, par le Jurat d'Aste-Béon prenait soin de spécifier tous les privilèges, ou exemptions, dont jouissaient les habitants de la commune, comme, du reste, de toutes les communes de la vallée, droit de *chasse*, de *carnal* (saisie), de *mouture*, de *dépiquage*, etc., partout ailleurs réservés aux gentilshommes.

S'il est un droit considéré comme l'apanage ordinaire des seigneurs fonciers, c'est le droit de *justice*. Or les *cavers* et *domengers* d'Ossau ne le pos-

---

soit reçu à en faire hommage... et au cas qu'il soit reçu à en faire hommage, *ils protestent* » Signé : Dufaur, procureur général.

(1) Nous citons avec intention la communauté de Louvie-Soubiron, dont il vient d'être question. Le 9 mars 1566, on voit les habitants de Louvie délibérant et se syndiquant « comme république » pour traiter avec les habitants de Béost et Bagès et le seigneur de Louvie au sujet du pacage des montagnes et *herms* appartenant à ce dernier. Cf. *Mémoire pour le marquis d'Angosse contre le maire de Louvie-Soubiron*. Pau, Vignancour, 1846. — Dans l'église de Louvie les jurats élus avaient siège et droit de préséance sur le seigneur. *Déclaration générale* du 19 décembre 1727, vérifiée le 12 avril 1736.

sédaient même pas sur leurs terres (1). L'Ossalois ne relevait que du vicomte souverain de Béarn. Pour les causes minimes, il dépendait de la justice de ses jurats, magistrats élus par leurs pairs, ainsi que nous l'avons vu pour Aste-Béon. On se rappelle comment se faisait le choix des magistrats dans cette petite communauté. A Aas, autre village du Haut-Ossau, les jurats étaient, tous les ans, nommés par ceux qui sortaient de charge. A Assouste, chaque habitant, à tour de rôle, était tenu de remplir les fonctions de jurat.

Ce système de charges électives appelait au gouvernement local un nombre considérable de citoyens : à Laruns, 37 ; à Bilhères, 25 ; à Béost, à Gère-Bélesten, 23, etc...

Les jurats des 18 communes se réunissaient à Bielle, *capdeulh* ou chef-lieu de la vallée, pour former un corps politique appelé *jurade*. Là se discutaient les affaires communes et s'élaboraient les règlements généraux.

Ainsi, dans cette société égalitaire et démocratique, chaque groupe fonctionnait avec les magistratures de son choix, avec ses habitudes, avec

---

(1) Ces titres désignaient, en Béarn, les deux degrés inférieurs de la noblesse.

ses mœurs particulières, sans que ni le voisin, ni le pouvoir politique y trouvassent à redire. Et chacun était heureux ainsi. A la veille de la Révolution française, alors que, dans les grands centres, ce n'était qu'aspirations vers un bouleversement des institutions existantes, les Ossalois donnèrent un remarquable exemple de leur attachement à la tradition des ancêtres. Les villes de Pau et d'Oloron ayant voulu entraîner la vallée dans un mouvement de transformation de l'ancien système judiciaire, la Jurade en délibéra, et, le 2 avril 1789, protesta à l'unanimité contre cette prétention « contraire à la constitution béarnaise, aux fors, privilèges et libertés des habitants du pays, » se déclarant résolue à maintenir l'ancien état de choses, « le tout en conformité de la coutume ».

III

On possède peu de renseignements positifs sur l'histoire de la vallée. Il est probable qu'à l'origine elle formait avec les vallées voisines d'Aspe et de Barétous une confédération d'intérêts, comme paraissent le démontrer les observations archéologiques (1).

Ce qu'il y a de certain, c'est que l'union des trois vallées béarnaises subsista jusqu'à la fin de la monarchie. Aux États de Navarre, le vote des « Montagnes », comme on les désignait, était collectif et s'exprimait avant celui de tous les autres bourgs et villes.

Suivant l'historien de Marca, la vallée obéissait, jusqu'en 1100, à des vicomtes indépendants. A cette époque elle dut passer sous la suzeraineté des vicomtes de Béarn, mais en se réservant des garanties dont l'énoncé peut surprendre aujourd'hui ceux qui ne connaissent le moyen âge qu'à travers les préjugés courants.

Jusqu'en 1789, la vallée d'Ossau se considéra comme une province essentiellement libre. Elle eut sa législation particulière, ses traités de paix entre elle et les vallées limitrophes ou les peuples voisins d'Espagne.

(1) M. Raymond, archiviste des Basses-Pyrénées, a soutenu cette thèse en invoquant notamment la découverte, sur le territoire de Bielle et de Bilhères, de trois groupes de *cromlechs*, divisés chacun en autant d'enceintes de pierre que les trois vallées comptent respectivement de communes. *Quelques observations sur l'antiquité des centres de population des vallées d'Ossau, Aspe et Barétous* ; Pau. 1871.)

Ce n'est pas le trait le moins curieux de ces vallées pyrénéennes que ces *paceries* ou conventions spéciales par lesquelles se réglaient entre districts, parfois même entre communes, non seulement les difficultés de pacage, ce qui était le cas le plus fréquent, mais encore des questions de droit civil et criminel. Des assises périodiques, mi-partie ossaloises mi-partie espagnoles, jugeant jusqu'à cent affaires à la fois ; une procédure expéditive ; l'exécution des sentences confiée aux députés de chaque nation : telles étaient les formes de ces juridictions extraordinaires, qui simplifiaient énormément les rapports internationaux.

On vit souvent en guerre les deux États souverains de Béarn et d'Aragon, et cependant le traité de paix se maintenait entre les vallées, pour les objets prévus; les habitants continuaient à tenir leurs assises, observaient la neutralité et ne prenaient les armes que contre les *non pasterous* (1).

En se donnant politiquement au Béarn, les Ossalois avaient stipulé le respect de leurs libertés. Cela n'alla pas tout seul. La possession de la

(1) Ces privilèges sont revendiqués avec force dans une requête adressée en 1774, par les Syndics de la Vallée d'Ossau au Parlement de Navarre, au sujet de la propriété du Pont-Long.

lande du Pont-Long, qui leur était d'une si grande utilité pour leur travail, leur valut plus d'une agression de la part des populations béarnaises au milieu desquelles ce territoire était enclavé. Dès que les terribles montagnards apprenaient qu'on empiétait sur leur bien, on les voyait, comme le constate le vieux *For*, descendre « en armes et enseignes au vent », pour se faire eux-mêmes justice.

En 1221, pour mettre un terme à ces conflits, un accord intervint entre les gens d'Ossau et le vicomte de Béarn, Guillaume Raymond de Moncade : solennelle reconnaissance et confirmation du vieux *For* d'Ossau, véritable *pacerie* où l'on traitait d'égal à égal. (1).

Les Ossalois promettent l'hommage au vicomte ; mais c'est *chez eux que celui-ci doit se transporter pour le recevoir*. Le vicomte jure, *le premier*, de leur être « bon seigneur et loyal ». Ensuite et à leur tour, les Ossalois jurent de lui être « bons hommes et fidèles ». Donnant, donnant (2).

---

(1) Raymond entre en Ossau, pour « pacifier le différend qui depuis longtemps existait entre ses prédécesseurs et les Ossalois, sur les fors et coutumes existant entre lui et les Ossalois ; et *ils s'accordèrent* en une chose, ainsi que ci-dessous il est déclaré. » For d'Ossau, *Préambule*.

(2) For d'Ossau, art. 1 et 2.

Mais voici qui est plus typique. Nous avons vu que les seigneurs d'Ossau n'ont aucun droit de justice sur leurs terres ; les Ossalois se jugent eux-mêmes par leurs jurats, et, pour les causes majeures ou les appels, relèvent directement du vicomte. Mais le vicomte ne peut exercer cette justice qu'à la condition de *venir en personne* (ou par son sénéchal) *la rendre dans la vallée :* nos montagnards ne veulent être jugés que chez eux (1).

Défense au vicomte d'amener avec lui des soldats béarnais : ce sont les Ossalois qui le gardent tant qu'il séjourne parmi eux (2).

Bien plus, la vallée est un *lieu d'asile*. Tout individu qui, après un délit commis, peut s'y réfugier, y est en *saubetat* et ne peut être livré au vicomte que si ce dernier vient en personne le réclamer (3).

Tandis que, dans le reste du Béarn, l'amende fixée pour la « composition », au sujet de certains délits s'élevait à 66 sols, l'Ossalois ne payait au seigneur que 6 sols, ou 18 en cas de mort (4).

---

(1) *Ibid.* art. 13, 19.
(2) *Ibid.* art. 8.
(3) *Ibid.* art. 18. Une des localités frontières de la vallée d'Ossau porte encore le nom significatif de *Lasseubetat*.
(4) *Ibid.* art. 28, 29.

Quant à l'*ost* ou service militaire, les Ossalois ne le devaient au vicomte que deux fois par an et à des conditions rigoureusement limitées (1).

Tout cela, — sans parler d'autres privilèges, — peut paraître extraordinaire. Mais qu'on veuille bien considérer que cette indépendance politique des Ossalois découle de l'organisation de leur travail, aussi sûrement que leur constitution démocratique.

L'Ossalois ne vivant que de son troupeau eût pu, à la rigueur, se passer de toute alliance étrangère, s'il n'avait dû compter avec l'insuffisance d'un sol borné, pauvre et intransformable.

L'exiguïté des moyens d'existence, après avoir imposé à la famille patriarcale cette réduction que nous avons étudiée et qui en fait un type à part, devait déterminer l'orientation politique de la race.

Du côté de la plaine, il fallut bien demander la protection de l'État voisin, maître des routes du nord et par conséquent de l'*hivernage* ; mais on n'aliéna de l'indépendance que juste ce qu'il fallait pour parvenir à ce but. Pour tout ce qui concerne

---

(1) *Ibid.* art. 3, 4, 6, 7, 9... « et, après qu'ils seront en la terre de guerre, le vicomte ne doit en rien s'emparer de ce qui est de la guerre *sans leur volonté.* »

le travail pastoral, les droits de la vallée avaient été soigneusement réservés.

C'est ainsi que les pasteurs pouvaient circuler *avec leurs troupeaux*, dans tout le pays, librement et sans payer de droits de péage, pontage, foraine, etc., à raison de leurs migrations périodiques de la montagne à la plaine et réciproquement. Ils pouvaient également rapporter en franchise les produits de leur industrie pastorale, vivres, fromages, laines et pelleteries (1).

Le travail fut donc, lui seul, la cause et la mesure des privilèges politiques de la Vallée, et l'on ne comprendrait rien à l'histoire de ces populations si l'on ne se plaçait à ce point de vue. Ce qui le prouve, c'est que, tout chatouilleux qu'ils fussent sur l'article de leurs libertés, les Ossalois

---

(1) « Les fermiers des péages d'Ossau, Aspe et Baretous et autres vallées de Béarn ne fairont rien payer des vivres, fromages, laines et peaux des bestiaux que les pasteurs passent et repassent pour le temps de l'hivernement » (Ordon. de 1594, rub. XVIII, 1). — « Conformément aux anciens règlements et privilèges, les habitants du païs sont maintenus en l'exemption de tous droits de foraine pour le bétail né en France pendant l'hiver lorsqu'ils les ont mené paître dans les landes ou ailleurs (Ord. du 25 juin 1644. Rub. XXXVI, 11). — De même exception pour « les cuirs des bêtes mortes pendant l'hyver, que les pasteurs pourront rapporter (Ord. 21 sept. 1661, Rub. XXXVI, 14.) »

ont été, de tout temps, les plus loyaux sujets des souverains de Béarn. Cette fidélité toute personnelle les entraîna, à la suite de la reine Jeanne d'Albret, dans l'hérésie, pour laquelle ils n'avaient que de médiocres sympathies et qu'ils s'empressèrent d'abandonner dès que le prétexte politique eut disparu.

Marca, cherchant à se rendre compte de cette singulière indépendance de caractère, de mœurs et de lois, l'attribue à « une certaine liberté des peuples des montagnes, lesquels se confiant en leurs fortifications naturelles, devenaient aussi élevés et aussi sourcilleux que les rochers de leurs montagnes ».

Le grave historien n'atteint pas le fond des choses. Les Ossalois étaient peu endurants, jaloux de leurs libertés politiques, parce qu'en réalité, il y avait là pour eux une question de pain quotidien. Il en est ainsi dans tous les pays pauvres, où la race ne peut subsister qu'au prix d'un travail acharné contre une nature ingrate. C'est le secret de l'indépendance de la Suisse, ainsi qu'on l'a fort bien démontré (1). Ce n'est pas tout que de trouver dans les montagnes, un moyen de

(1) *Science sociale*, t. VIII, p. 101.

défense, il faut avoir un intérêt à s'y défendre.

Nous ne terminerons pas cette monographie de la Vallée d'Ossau sans relever trois résultats :

En premier lieu, on ne peut méconnaître le puissant enchaînement que montre, entre tous les faits dont se constitue une société, l'observation monographique poursuivie à l'aide de la *Nomenclature* sociale.

En second lieu, il est à remarquer que cette méthode, en faisant apparaître les traits d'une société dans leur totalité et à leur rang, la dessine si nettement et si complètement, que force est bien de reconnaître toutes les différences de cette société avec les autres. C'est ainsi que nous avons pu et dû constater à quel point la prétendue Famille-souche des Pyrénées, confondue par Le Play avec la vraie famille-souche du type anglo-saxon, en demeure éloignée. Ainsi s'est trouvé appuyé un des grands progrès actuels de la Science sociale.

En troisième lieu, nous avons vu qu'une fois la physionomie d'une société dessinée avec cet ordre et cet ensemble, sa parenté se manifeste par tant de traits qu'elle n'est guère méconnaissable, et les origines se lisent dans l'état présent lui-même. C'est là un immense secours apporté aux connaissances historiques. Nous avons pu, de la sorte, démontrer la descendance de nos Pyrénéens.

Nous avons donc, une fois de plus, constaté la fécondité, la puissance scientifique, le prodigieux intérêt de cette méthode d'études sociales, qui, appliquée à un objet en apparence petit, local, presque dédaigné, mène avec sûreté à de si riches, à de si vastes, et jusqu'à de si lointaines connaissances.

FIN.

APPENDICES

POPULATION D'ASTE-BÉON CLASSÉE PAR PROFESSIONS (recensement de 1886).

PROFESSIONS	CLASSES					TOTAL
	PATRONS CHEFS D'ATELIER des deux sexes	EMPLOYÉS	OUVRIERS JOURNALIERS DOMESTIQUES de ferme	PARENTS DES PRÉCÉDENTS vivant avec eux	DOMESTIQUES attachés à la personne	
Propriétaires cultivant exclusivement leurs terres.	175		9	270	6	460
Fermiers, métayers, colons.						
Bûcherons						
Charbonniers.						
Commerce :						
Cabaretiers.	1			2		3
Administrations :						
Fonctionnaires		2		6		8
Professions libérales :						
Clergé.	1			1		2
Instituteur.	1			4		5
Rentiers.	1			3		4
	179	2	9	286	6	482

APPENDICE B.

QUELQUES TRAITS DE LA CONSTITUTION FAMILIALE D'AUTREFOIS EN OSSAU.

Les coutumes matrimoniales dans la vallée d'Ossau sont aujourd'hui ce qu'elles ont été de tout temps. Rien de plus facile à constater dans les actes notariés conservés en grand nombre aux Archives départementales des Basses-Pyrénées.

Nous reproduisons comme exemple un contrat de mariage du 17 février 1670, en soulignant, pour la comparaison, les principaux traits dont il a été question au chapitre cinquième.

Notum sit que pactes de maridage son estatz feitz et passatz au bon plaser de Diu et palaure de futurs enter Jacques de Pausader deu locq de Béon d'une part et Marie de Laborde deu locq d'Aste d'aute, scaver: que lod. Jacques de Pausader sur l'advis et conget et acistence de Joan de Pausader son pay, Joanne de Soule sa tante, Joandou et Pierris de Pausader sons frays, Berthomiu de Loriade, son beau fray que ses prometut et baillat per marit et espous a lad^e Marie de Laborde. — Et semblable Marie de Laborde, sus l'advis, consentement et acistence de Jacques de Miranse autre de Laborde son pay et Joanne de Laborde, d'Aste, sa may, Bernad de Miranse, Bernad de Masères, Jacques de Lavigne, sons oncles, que s'es prometude et baillade per molher et espouse aud. Jacques de Pausader et ço per lous deux et lours enfans de lour leyau matrimoni, *descendens heretar et succedir sur lad. maison de Pausader ab toutes sas appartenences et dependences.* — (*Institution d'héritier*).

Auquoal dit Jacques le dit Joan de Pausader a instituit per son futur et universal hereter après sa fin, se reseruant néanmoins sa vite duran lo régime et administration deu bien et enfans et facultat de poder testar et leguar honestamen per lo salut de son ame et per lo reste de sons enfants.

(*Constitution de dot*). Et per support part et aide deud. maridage losd. de Laborde pay et may que an prometut baillar et paguar per dotte et parcelle la somme de quoatte cens escutz petitz ausd. de Pausader, scaver : lou jour de St-Miqueu de septeme proche venent la somme de cent escutz et deu jour St-Miqueu en un an; la somme de cent escutz, et deud. die en tres autres cent escutz per fin de pague. — (*Semences*) Per semences une baque beterere de quoatte a cinq ans et douze oüilles, scaver quoatte anesques quoatte doubleres et quoatte tersolles.

(*Trousseau*) Et per habillamens de dors, une raube de meige charge negre garnide de manches et une autre de cordeillat d'Espagne et autre de cordeillat d'Oloron garnide aussi de manches et las qui lad. fille aura le jour de las espousailles; et per los autres habillemens et hardes de lheyt et de taule, sera fait comme a semblable maisons à lad. de Pausader se accoustumé baillar aud. locq de Béon; de plus baillaran a lad. fille une cape cousude bien garnide seguien la mode, plus un coffre ferrat et bertaberat dab sa clau.

(*Droit de retour*) Accort enser lor que en cas de desauiement, ço que Diu aduertie ! sunhs enfans deusd. conjointz, que losd. quoatte cens escutz et semences seran rendutz per losd. de Pausader a semblables pacqs que lous aberan recebutz et las peilles et coffre en l'estat que se trouaran en son entratz.

(*Ajournement du mariage religieux*) Bernard de Miranse, Bernard Masères et Jacques de Lauigne et toutes partides an prometut per solemnisar lod. maridage en face de noste may la Ste Gleise un mées après que l'une partide en requerira l'autre. — Et per tenir bon tout ço dessus, toutes partides que an obligat et soubmetut et constituit, etc... A Béon le dez et sept de fairer mil seiz cent septante. Presens et testif. Juillian de Miranse et Guilhem de Larroque et jou Bernard de Maseres, jurat d'Aste et Béon, qui, a déffaut de notari lo present retengu et signé ab las partides et testes. Ainsi signatz de Larroque, de Miranse, de Laborde, de Mirande, de Soullé, de Pausader, de Forcade, de Vergé, de Medeuielle, de Masères jurat et retentour (1).

L'institution d'héritier, telle était la grande préoccupation du chef de famille. C'est par là que débute ordinairement tout contrat de mariage, de même qu'il n'est pas un testament où ne se lise la mention : « Cum l'institution hereditari es lou cap de tout bon ordie. »

C'est qu'il faut avant tout conserver la *maison*. Tout converge à ce but. Jean Salle et Catherine Medebielle sa femme, de Béon, ayant perdu l'espoir, après vingt-quatre ans de mariage, d'avoir une postérité, « désirant la conservation et subsistence de la maison du dit de Salle, » déclarent, le 18 septembre 1664, adopter Jean Hortius et Isabeau Medebielle, leurs neveu et nièce, et les marient ensemble, pour les traiter comme fils et fille (2).

Aussi aucune expression ne semble-t-elle trop haute

---

(1) Arch. départ. *Minutes des notaires du Vic du milieu d'Ossau*. E. 1883 bis.
(2) Arch. dép. *Ibid*. E. 1883 bis.

à ces pasteurs pour inspirer aux descendants le respect de la maison, centre et foyer perpétuel de la race. Quand Jeanne Bogarie, d'Aste, institue héritier Guilhem Domecq, l'aîné de ses quatre enfants, c'est comme « *senhor et mest, regidor et gouuernador de lad⁶ maison de Bogarie, tans de lad⁶ maison que de sons biens que de sons enfans* (1). »

La « maison », « l'héritier, » tels sont les deux pivots de cette organisation sociale. Dans les transactions, dans les aliénations, le père et l'héritier associé paraissent toujours ensemble, « *l'un ab lo vouler de l'aute* (2). »

Au dessous de l'*héritier*, véritable roi du domaine, se groupent les *cadets*, dont le sort, prévu par la coutume, témoigne à la fois de la douceur de mœurs de ce peuple et du principe communautaire qui est à la base de toute sa constitution sociale.

Il est rare que le testateur, après s'être associé l'héritier, ne se préoccupe pas de ses cadets.

Je résume ici le testament de Joandon Pergon, d'Aste, du 17 juillet 1635 (3).

Le testateur ordonne de faire dire 16 messes pour le repos de son âme. Il expose qu'il a été marié à Jeanne Trezaugue, qu'il laisse « *daune, maistresse,*

---

(1) Ibid. E. 1887.
(2) Contrat de vente par Jacques et Pierre Lavigne, père et fils, d'Aste, à Jean Bonnemason, de Béon, 11 mars 1660. Arch. dép. ibid. E. 1884.
(3) Arch. dép. ibid. E. 1882.

regidoure et goubernadoure » de tout son bien « *en portant son veuvage honestamen.* »

Il institue héritier son fils Augustin. Mais il faut prévoir les dissentiments possibles entre la veuve et l'héritier ; le père de famille y pourvoit.

Dans le cas où la vie commune deviendrait impossible, il lègue à sa veuve « le logement dans la maison neuve. » Si Jeanne préfère se séparer tout à fait, il lui assure « 12 quartauts de grains, scavoir 4 de froment, 4 d'orge et 4 de mil ; 10 fromages, 8 livres de beurre, droit de se faire une quarte de liosse *(lin)* et de se pourvoir d'*herbes* au jardin. »

A deux de ses filles, mariées au dehors, il lègue 10 écus. A la troisième, Marie, mariée « *à la maison* de Fondan, » il lègue, en cas de dissolution de son mariage, le droit de *se retirer à la maison paternelle,* la maison neuve. « Et si le bon Diu la visitabe, que biengosse a estat malaude et necessitade, » elle devra être *nourrie et entretenue.*

Voilà qui fixe nettement le caractère de la *communauté* et qui atténue considérablement le privilège de ce droit d'ainesse si odieux à certaines écoles. Si le cadet vient à tomber dans la misère, il sait qu'il trouvera au foyer familial asile et secours. « Item a dit que vol et entend que *lous lous ayen retirance en lad° masou en cas de besoin,* en tribailhan à lour force (1). »

(1) Testament de Joan Medon, de Béon, 2 sept. 1672. Arch. dép. loc. cit. E. 1883.

Le testament de Jeanne Bogarie exprime bien la coutume à ce sujet. Elle lègue à son fils cadet Johan « neuriturs et bite en lad• mason, en tribailhan segon sa conexence. » Si Johan trouve à se marier, Guilhem l'héritier lui comptera comme *légitime* la somme de 26 écus. S'il ne se marie pas et veut demeurer à la maison, il devra y être *nourri et entretenu*, soigné en cas de maladie, à condition qu'il travaille selon son pouvoir.

Veut-on savoir maintenant comment le cadet sort de la maison en se mariant ?

Jacques Deyt Debaig, de Béost, doit épouser Marie Fondan Dessus, d'Assouste. Le père et le frère aîné du futur interviennent au contrat pour fournir à ce dernier en dot la somme de 400 écus, une jument de trois ans et une vache « de premier neuris » ; le tout « *pour tous droits de légitime qu'il pourroit prétendre sur les biens paternels et maternels de la maison Deyt.* » En cas de décès sans postérité la dite dot fera retour à la maison Deyt, sans intérêts.

Le père Deyt et l'héritier associé consentent d'ailleurs à ce que Jacques retire, le printemps prochain, de leur troupeau, à titre de biens paraphernaux, 30 têtes de vaches qui lui appartiennent, pour les avoir gagnées par son travail (1).

---

(1) Contrat de mariage du 20 octobre 1716. Arch dép. *loc. cit.* E. 1884.

APPENDICE C.

MOUVEMENT DE LA POPULATION D'ASTE-BÉON DEPUIS 45 ANS.

DATES des RECENSEMENTS	POPULATION			AUGMENTATION	DIMINUTION
	Hommes	Femmes	Totale		
1846			563		
1851	301	304	605	42	
1856	306	298	604		1
1861	302	286	588		16
1866					
1872	225	240	465		123
1876	234	241	475	10	
1881	177	238	415		60
1886	236	246	482	67	
8bre 1890	A cette date.......		483	1	

Soit, en 39 ans, une diminution de 122 habitants, près du cinquième de la population de 1851.

En 1891, le chiffre total de la population était descendu à 443.

TABLE DES MATIÈRES

	Pages.
Préface	I
Avertissement	VI

Chapitre premier. Les conditions du lieu..... 1

Chapitre second. Le Travail............... 23
    I. — Les travaux de simple récolte...... 23
    II. — La culture....................... 39

Chapitre troisième. — La Propriété......... 57
    I. — Les propriétés communes.......... 60
    II. — La propriété privée.............. 74

Chapitre quatrième. La Famille............ 83

Chapitre cinquième. Le mode et les phases de

l'existence ; le patronage et ses auxiliaires... 93
    I. — Le mode d'existence............. 94
    II. — Les phases de l'existence......... 103
    III. — Le patronage.................. 109

CHAPITRE SIXIÈME. Le voisinage et le gouvernement local............................ 119
    I. — Le voisinage................... 119
    II. — Le syndicat................... 121
    III. — La commune.................. 127

CHAPITRE SEPTIÈME. L'Emigration............ 147

CHAPITRE HUITIÈME. L'histoire de la race...... 163

APPENDICES

A. — Population d'Aste-Béon classée par professions.............................. 197

B. — Quelques traits de la Constitution familiale d'autrefois en Ossau.............. 199

C. — Mouvement de la population d'Aste-Béon depuis 45 ans........................ 205

Carte de la Vallée d'Ossau............. 207

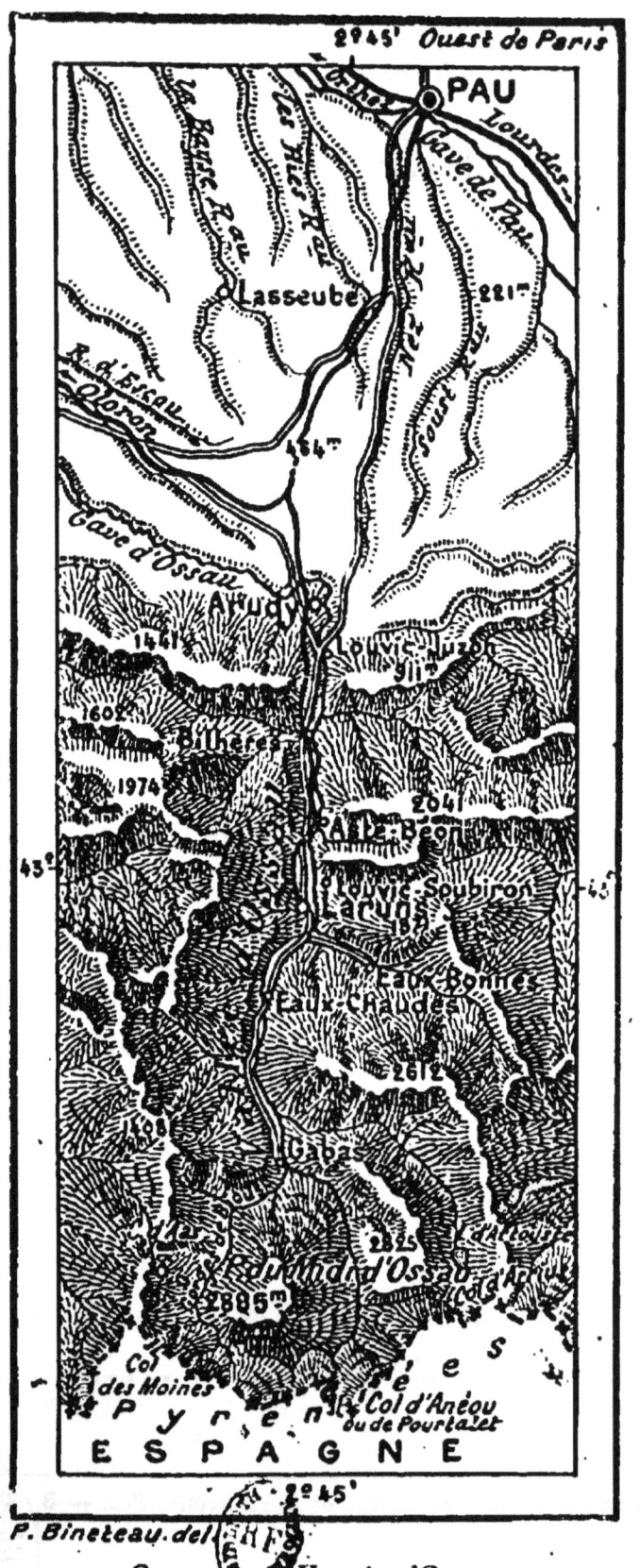

Carte de la Vallée d'Ossau.

LIBRAIRIE DE FIRMIN-DIDOT ET Cᴵᴱ, 56, RUE JACOB, A PARIS.

BIBLIOTHÈQUE DE LA SCIENCE SOCIALE

		Pour les membres de la Société.
La Vie Américaine, par PAUL DE ROUSIERS. Ouvrage couronné par l'Académie française.		
Volume illustré de 320 grav. d'après des photographies, de 17 cartes et d'une héliogravure. Un fort volume in-4º, broché..............	30 fr.	22 fr. 50
Relié..............................	40 fr.	30 fr.
Libre Échange et Protection, la politique douanière de tous les pays, expliquée par les circonstances de leur état social et économique, par LÉON POINSARD. Ouvrage couronné par l'Académie des Sciences morales et politiques.		
Un fort volume in-8º de 640 pages. Prix..	6 fr.	4 fr. 50
Le Socialisme devant la Science sociale, par EDMOND DEMOLINS.		
Une brochure in-32. Prix................	1 fr.	0 fr. 75
La diminution du revenu ; la baisse du taux de l'intérêt et des revenus fonciers, par PAUL BUREAU.		
Un volume in-12. Prix.................	2 fr.	1 fr. 50
Comment élever et établir nos enfants ? par EDMOND DEMOLINS.		
Une brochure in-32. Prix...............	1 fr.	0 fr. 75
La question monétaire à la conférence de Bruxelles, par AD. HOUDARD.		
Une brochure in-8º. Prix...............	1 fr.	0 fr. 75
Conférence de M. Edmond Demolins contradictoirement avec M. PAUL LAFARGUE.		
Cette conférence est envoyée gratuitement sur demande.		
Une vallée Pyrénéenne. *La vallée d'Ossau*, par FERNAND BUTEL.		
Un volume in-12. Prix.................	2 fr. 25	1 fr. 70

www.ingramcontent.com/pod-product-compliance
Lightning Source LLC
Chambersburg PA
CBHW071943160426
43198CB00011B/1521